# 12歳までに「自信ぐせ」をつけるお母さんの習慣

「こどもみらい塾」塾長
楠本佳子
Yoshiko Kusumoto

CCCメディアハウス

# はじめに

２０１６年12月に上梓した『12歳までに「勉強ぐせ」をつけるお母さんの習慣』（CCCメディアハウス）は、わたしにとって初めての著書でしたが、おかげさまで多くの方に手に取っていただき、いまでも増刷を続けています。

アマゾンのレビューも含め、いろいろな感想や反響をいただいているのですが、なかでも「子どもへの思いがものすごく伝わってくる」という声を聞けたことは、非常にうれしかったです。著者として、かなり気をつけた点だからです。

わたしの知り合いなどはさぞかし厳しいことが書いてあるに違いないと思っていたらしく、「こんなに愛情いっぱいの本だと思わなかった！」と驚いたようです。でも、そういう方がまわりの人たちにもすすめてくださり、より多くの方に読んでいただけることとなりました。感謝しています。

2冊目となる今回の本では、子どもの「自信」について考えたいと思います。

自信は、子どもだけでなく大人にとっても大切なものですが、そもそも、どうして自信をつけることが必要なのでしょうか？

もしかすると、「子どもがもっと勉強ができるようになれば、自然と自信もつく」と思っているお母さんがいるかもしれません。もっと運動ができるようになれば、もっと友だちがたくさんできれば……というふうに。

でも、わたしは反対だと思います。

自分に自信をもっていないと、新しいことに挑戦しようという気持ちが湧いてきません。失敗することを恐れたり、「どうせ自分には無理だから」と、やる前から否定したりして、「やってみよう」という気になれないのです。

それは勉強も同じです。「どうせぼく（わたし）なんて」と思っていると、自分から進んで勉強しようなんて思えません。そういう気持ちでしか勉強できない子どもは、当然のように、伸びていきません。

だから、どんどん新しいことを学ぶ姿勢（つまり、勉強）を習慣づけるには、まず自信がないと始まらないのです。解答を間違えるとか、テストで悪い点を取るといった「失敗」を恐れることなく、果敢に取り組んでいくには、自信が欠かせません。

勉強にしろ運動にしろ、子どもの才能を伸ばしていくためには、たとえ失敗したとしても、そこでくじけることなく、「自分はダメだ」「自分にはできないんだ」というふうに自己否定しないことが、何よりも大切です。

と言っても、あなたの子どもを「(何の根拠もないのに)自信だけはたっぷりある」というナマイキな子どもに育ててほしいわけではありません。そうではなくて、「できるかどうかわからないけど、やってみよう」「自分にもできるかもしれない」というチャレンジ精神をもった子どもに育ってほしいのです。

科学が進歩して、いまや人工知能(AI)が一般家庭にも入り込んできています。そんな時代で生きていくには、ただ言われたことをこなし、答えを見つけるだけでなく、自分で新しい発想を生み、それを実行していく勇気が必要です。その勇気のもととなるのが、自分の可能性に対する自信なのだと思います。

自信は、お母さんにとっても必要不可欠なものです。自分に自信がないあまりに、子どもに無理やり勉強させたり、とにかくたくさんの習い事をさせたり、というお母さんをよく見かけます。

その気持ちがわからないわけではありませんが、まずはお母さんが自信をもって、自分らしく生きることを考えましょう。自信をもつことは、そんなに難しくありません。ちょっと姿勢に気をつけるだけでも、不思議と自信が湧いてくる秘訣があります。

ぜひ、子どものためだけでなく、あなた自身のことも考えながら、本書を読み進めてほしいと思います。

前作が発売されて少したったころ、ある中学生がメディアを賑わせるようになりました。史上最年少でプロ将棋棋士になり、そこから公式戦29連勝という大記録を打ち立てた藤井聡太くんです。

彼の、(当時)中学生とは思えない落ち着きぶりと集中力に注目が集まり、その源はどうやら「モンテッソーリ教育」にあるらしいと、テレビなどで大きく紹介されました。そこからモンテッソーリ教育に関心をもった読者もいらっしゃるでしょう。

何を隠そう、わたしの子育てにもモンテッソーリ教育が大きく影響しています。娘が3歳のころ、夫の転勤で引っ越した先で近所の幼稚園に入れたところ、そこがモンテッソーリ教育を取り入れていたのです。

わたしはずっと、子どもがラクに楽しく勉強できて、かつ学力を伸ばせる方法はないかと考えていました。だから、その幼稚園でモンテッソーリ教育を知ったときは、これこそわたしが探していたものだと思ったものです。

モンテッソーリ教育は子どもの自立心や自主性をはぐくむと言われていますが、そのもとになっているのは「観察」ではないかと、わたしは思っています。

子育てに熱心なお母さんほど、「うちの子はこれが好きなはず」「これはできるけど、あれはできない」と決めつけがちですが、大切なのは子ども自身が選ぶことです。

だからと言って、子どもがやりたいことだけをさせるのもよくありません。なぜなら、子どもは知らないことだらけだからです。子どもの狭い世界の中だけで「好きなこと」「やりたいこと」を探させると、せっかくの可能性をつぶしてしまったり、もっとすばらしい可能性に出合うきっかけを失ってしまうことになりかねません。

いちばん近くで見ているお母さんが、子どもをじっくりと観察することが大切です。子どもが興味をもつものを探りながらも、時には新しいものを見せたり、ふだんと違った挑戦をさせたりすることで、子ども自身も気づいていなかった興味や好奇心を発掘し、可能性を広げてあげることが必要なのだと思います。

わたしも、またすぐに引っ越すことになり、こうなったら自分でやるしかない！と決意して始めたのが、娘と3歳下の息子を、とにかく観察することでした。そうして試行錯誤をしながら、独自の子育てメソッドが出来上がっていったのです。

前作と今回の本について、「これがモンテッソーリ教育です！」と言うつもりはありません。モンテッソーリ教育をわたしなりに吸収し、ほかの脳科学や心理学なども取り入れて、家庭や塾・家庭教師という子育ての現場で実践していったものです。

子どもの自信をはぐくみ、もっている可能性を最大限に伸ばしてあげたい——そう願うお母さんの一助となりますように。

# 1章 子どもの未来を作る勉強法の見つけ方

# 2章 子どもの可能性を発見する、習い事、ゲーム・スマホ、友だち……との上手な付き合い方

# 3章 子どもがぐんぐん伸びていく家庭の作り方

# 4章 未来をつかむ、子どもの自信のはぐくみ方

# 5章 子どもを伸ばす、お母さんの自信の育て方

# 1章

# 子どもの未来を作る勉強法の見つけ方

# お母さんのやり方はもう古い？かもしれません

子どもに勉強ぐせをつけさせたい、と思っているお母さんのなかには、自分が子どものころにやっていた勉強法を、子どもにやらせている人もいると思います。たとえば、漢字や英単語を暗記するなら、同じ単語を10回ずつ書く……とか。

でも、そのやり方は、もう「古い」かもしれません。

人の脳や心理学の研究は、どんどん進化しています。あなたが子どものころに「いい」と言われていた勉強法が、「実は効果がなかった」とか、ひょっとしたら「逆効果でした」なんていう結論になっているかもしれません。

そして、もっと効果的で、効率的な勉強法が、どんどん開発されています。いろいろな勉強法を教える本はたくさんありますし、ネット上にも多くの情報があります。ぜひ、そうした情報を積極的に取り入れることを心がけてください。

と言っても、なんでもかんでも最新のものが正しい、と言いたいわけではありません。**大事なのは、あなたの子どもに合っているかどうか。**それがすべてです。

だから、もしあなたが子どものころにやっていたのと同じやり方が、子どもにも合っているのなら、それでもいいと思います。昔のやり方がすべてダメ、なわけでもありません。

ただし、ひとつ気をつけてほしいことがあります。あなたがやってうまくいった方法なら、それを子どもにやらせてみてもいいのですが、あなたがうまくいかなかった方法を無理やりやらせるのだけはやめてください。

「お母さんはこうやって勉強して、成績が上がったのよ」と子どもに言えるやり方なら、選択肢のひとつとして子どもに教えてあげましょう。そう言われたら、子どもも興味を示してくれるはずです。

でも、あなたもできなかったことを子どもにやらせようとするのは、やめましょう。あなたができなかったことです。できない確率のほうが高くなります。もちろん子どもが挑戦するというなら、試してみればいいと思います。

また、たとえあなた自身はうまくやれた方法でも、あるいは最新の勉強法であっても、それが子どもに合っているかどうかは別問題。だから、けっして押しつけないでください。

これは、お母さんだけでなく、お父さんにも、それにおじいちゃんやおばあちゃんにも言えることです。「俺はこうして暗記した」とか、「わたしたちの時代はこうやって勉強した」とか、みんな良かれと思って、いろいろなことを言いたがります。

わたしの知り合いのご家庭では、おじいさんとおばあさんが優秀な大学を出ていたからという理由で、孫に自分たちのやり方を教えていました。でも、それって何十年前の「いい勉強法」でしょう？

時代遅れの勉強法を押しつけられたばっかりに、子どもが勉強ぐせをつけられず、せっかくの才能を伸ばせなかった……なんてことにならないように、**子どもにはたくさんの選択肢を与えてあげてほしいと思います。**

# 子どもを見ていれば、テストの結果は見なくてもいい

子育てと同じように、「これが正しい」とか「これがベスト」なんていう勉強法はありません。

他の子どもがうまくいった方法でも、あなたの子どもが同じようにできるとは限りません。だから、あなたの子どもにとっていちばんいいやり方、あなたの子どもがいちばん伸びる方法、それを見つけてあげるしかないのです。

子どもを塾に通わせているお母さんには、「塾に通わせているから大丈夫」と思っている方が多くいます。お金を払って、「あとはよろしく」「なんとかして」と思っているのです。

そして、子どもの成績が伸びなければ「塾が悪い」「子どもが悪い」となります。

でも、もしかすると、その塾が子どもに合っていないのかもしれません。個人指導

の塾がいいか、大人数のクラス制がいいのか、それは子ども次第です。塾は合わないから、家で通信教材やＤＶＤ教材などをさせたほうがいいのかもしれません。

くり返しますが、あなたの子どもにいちばん合っている勉強法はどれか、ということが大事です。

そう言うと、「何が子どもに合っているのかわかりません」「子どもがちゃんと勉強できているって、どうすればわかりますか？」と質問されることがあります。

答えは簡単。**子どもをしっかり見ていれば、わかります。**

学校や塾に行くときの態度、帰ってきたときの様子、あるいは家で勉強しているときの様子や、テストのあとの言動などなど、子どもをしっかりと観察していれば、楽しんでやっているか、ちゃんと勉強できているかはわかるはずです。

お母さんたちは、テストの結果を見てから「うちの子はがんばっている」とか「どうしてこんな点しか取れないのかしら」と思います。でも実は、ふだんの生活態度をちゃんと見ていれば、次のテストでどれくらいの点数になるかはわかります。

ちゃんと子どもを観察していれば、「テストを見せなさい」なんて言わなくてもいいのです。というよりも、テスト結果を見てから怒っても、もう遅いです。

結果が出てから怒ったり褒めたりするのではなく、ふだんから見て、がんばってい
れば褒める、怠けていたら注意するか、他の方法をやらせてみる、そうやって子ども
が伸びる手助けをしてあげることが、お母さんの役目です。

子どもをちゃんと見ていないと、こんなことになっているかもしれません――「塾
がものすごく楽しい」と言っている男の子がいたので、「何がそんなに楽しいの？
塾で何をしているの？」と聞いてみました。

すると、「いちばん後ろに友だちと並んで座って、ずーっとゲームしてる！」と満
面の笑み。そりゃあ、楽しいですよね……。でも、これでは親はただ、お金を捨てて
いるだけです。

子どもをちゃんと見て、子どもが楽しく勉強して伸びていく方法を、お母さんが見
つけてあげてください。

# 「80点でいい」は禁句。もっと子どもの可能性を伸ばそう

本来、子どもの可能性を大きく伸ばしてあげられるはずの親が、実は、子どもにストップをかけていることも多くあります。しかも、そのことに気づいていない人が多いのが問題です。

わたしの知り合いの男性は、父親から「お前なんか野球部に入ったって、どうせダメだ」「起業なんて無理に決まっている」と言われて育ち、本人もそうだと信じて生きてきてしまいました。

こういう言い方は、最初から子どもに自信をもたせないように育てているようなものです。だから、子どもは無難な生き方しかできないようになります。そして、そういうふうに育つと、人生が楽しくないと思うのです。

なぜなら、楽しみを見つけられないから。「こんなことやってみたい」「あんなこと

やってみたい」という発想もなくなりますし、たとえ思っても、実際にはやろうとしないでしょう。どうせできないから……という思いが先に立つからです。

もしかすると、そういう子どもが引きこもりになってしまうのかもしれません。

勉強に関しても、同じです。子どもの学習能力に、親が制限をかけてはいけません。たとえば、親が「80点取ればいい」とか「Bクラスでいい」と言うと、子どもはそこまでしか伸びなくなるのです。

これは、有名な「ノミの実験」で証明されています。

2メートルくらい飛べるノミを、50センチほどの容器に閉じ込めておくと、容器から出しても、もう50センチしか飛べなくなってしまうのです。何度か容器のふたにぶつかって、「ここが限界なんだ」と学習したからだと言われています。

子どもも同じです。**とくに小さいときに、「ここまで飛べばいいんだ」という制限を植え付けられてしまうと、それを外すのは大変です。**わたしのところに来ている子どもで言えば、「80点でいい」から抜け出させるのに、2年もかかりました。

そのような子どもは、わたしが「100点を取って」と言っても、意味がわからないという反応をします。「だってミスもするじゃん」とか「絶対は無理です」と言って、そもそも100点を取れると思っていないのです。

もちろん、つねに「100点をめざせ!」と言いたいわけではありません。そうではなくて、制限をかける必要はない、ということです。

気づいていないかもしれませんが、「80点でいいよ」というあなたの言葉は、子どもの可能性を伸ばすどころか、いらない上限を設定して、成長に制限をかけているようなものなのです。

子どもが勉強してくれる分には、どんどんやってもらって、どんどん伸びていってもらえばいいですよね。「80点でいい」なんて言う必要はありません。

もっと言うと、100点で終わるわけでもありません。

なぜなら、**「ここでOK」なんていうゴールは、人生にはないからです。**勉強も、努力も、ずっと続きます。だから、ずっと勉強して、ずっと自分を伸ばしていける人間に育てるために、あなたが制限をかけないようにしてください。

# 「ふつう」でよくても、「ふつう」を目指してはいけません

あるお母さんが、「ふつうでいい」と思って何も考えずに子育てをしたら、成績が下の下になってどうしようもなくなった……と嘆いていました。

「上」を目指している子どもの全員が、実際に「上」に行けるわけではありません。がんばっても「上」には行けずに、そこから落ちてきた子どもが中間くらい、つまり「ふつう」になるのです。

だから、中間を目指していたら、中間より下になる可能性のほうが高い、と思ったほうがいいのです。

でも多くのお母さんは、「真ん中くらいはいけるでしょ、うちの子」と思っています。もしかすると、お母さん自身も、学校で言われたことしかやってこなかったけど、真ん中にはなれたから、子どももそれでいい、と思っているかもしれません。

でも、時代は変わっています。いまは、学校が昔のように厳しくなっています（宿題の量も増えているようです）。だから、**勉強している子どもと、していない子どもの差が、昔よりもずっと大きくなっているのです。**

これはお母さんについても同じで、いろいろと情報を集めたり勉強したりと熱心な人と、冒頭のお母さんのように情報をもたず、何も考えずに子育てしている人の差が、どんどん大きくなっています。

もちろん、何が「ふつう」かは、住んでいる地域や通っている学校や、状況によって違います。でも少なくとも、あなたが子どもだった20年前とは、かなり変わっています。だから、「自分はこうだったから……」は何の根拠にもなりません。

勉強のやり方もそうです。毎日ちゃんと学校に行ってさえいれば「ふつう」にはなると思っていた、と言う親御さんが本当に多いのですが、いまはそうとは限らない時代になってしまったことを、ちゃんと理解しておくべきです。

そんな状況になってから、わたしのもとにやってくる子どもに共通しているのは、やっぱり勉強するくせがついていないことです。

学校の宿題は、出たり出なかったりします。出たとしても、簡単だったり大変だったり、いろいろです。先生も、当たり外れがあるのが現実です。だから、**「学校に行かせておけば大丈夫」という考えでは、「ふつう」も難しいかもしれません。**

小学校はなかなか選べませんし、まして先生を選ぶことはできません。残念ながら先生との相性が悪かったりすれば、塾か家でカバーするしかないのです。

塾に行かせているのであれば、子どもがどんな問題を抱えているか、塾の先生に言っておきましょう。そうすれば、そこをカバーするような教え方をしてくれるはずです。

高校受験の間際になって、「こんなはずじゃなかった」と駆け込んでくるお母さんが多くいます。「頭のいい子にしたい」「子どもを東大に入れたい」とは思っていなくても、「うちの子はふつうでいい」と思っていたとしても、これくらいは必要という話です。

# 家で勉強を教えるお母さんの心強い味方

子どもを伸ばしていくには、学校の勉強だけでは足りないことも多い時代です。そういう場合には、学校以外でも勉強させる必要があります。

まだ小学生だし、低学年だから……と思うかもしれませんが、最初につまずくと、それがあとあとまで尾を引きます。小学生のうちがとにかく大切です。基礎をちゃんとできていないと、そのあとで応用だけを学んでも意味がないからです。

でも、塾に通わせるのはお金がかかります。大変な家庭もあると思います。それに、必ずしも塾がベストとはかぎりません。子どもによっては、塾が合わない子もいます。

そうなったら、家で何とかするしかありません。でも、自分ひとりでちゃんと勉強できる子どもならいいのですが、それは簡単なことではありません。だから、お母さんが手伝ってあげましょう。

まず、絶対に、自分のやり方を押しつけてはいけません。だからと言って、いまの学習内容をすべて理解するのも大変ですよね。でも、ご安心ください。いまはたくさんの教材が売られていますので、それらを大いに活用すればいいのです。そうすれば、お母さんも楽になりますし、子どもにとっても、間違いのないように教えることができます。

家で何とかしようという場合におすすめしたいのは、**解答がしっかりしている教材**を選ぶことです。加えて、子どものレベルに合ったものであることも大切です。難しすぎると見るのもいやになります。

だから、子どものレベルを考えて問題と解答についてくわしく解説してあるものを選びましょう。

もちろん、子ども自身が理解できる解説である必要がありますが、なおかつ、お母さんが理解できる解説であることも大切です。なぜなら、お母さんがその解答・解説を、子どもに読んであげてほしいからです。ただ、答えが合っていればOKで済ませてはいけません。

「小学生の問題なんて、解説を見なくてもわかる」と思うかもしれませんが、子どもに教えようとすると、なかなか難しかったりもします。解説は、子どもが理解しやすいように書かれていますので、ぜひ参考にしましょう。

**教材の解説は、お母さんのための虎の巻だと考えればいいと思います。**だから、よりくわしい虎の巻を探すつもりで、実際に本屋に行って解説を読みくらべて教材を選んでください。いまは、いろいろな教材があるので、子どもと一緒に探してみるのもいいと思います。

小学生の問題でも、難しいものは結構ありますよ。算数の図形なんて、公式を思いつかなかったらどうにもなりません。でも、お母さんは解答を見ればＯＫ。そう思えば、家で子どもに勉強を見てあげることも、少し気楽に考えられるのではないでしょうか。

# 睡眠不足では勉強しても頭に残らない

最近、わたしの塾に通っている子どものなかに、いつでも「眠い」と言っている子がいます。とにかく、いつも睡眠不足なのです。

睡眠の研究者が調べたところ、日本では夜中の0時を過ぎて入眠する子どもたちが3歳では20%、14歳では60~70%にも及んでいるそうです。

良い睡眠は、日常生活のあらゆる活動に欠かせません。眠いと勉強をやる気にもなりませんし、気持ちがふさがったり、イライラしたりします。睡眠不足は、学力の低下や肥満、うつ病などの原因にもなります。

いつも「眠い」と言っている子も、やはり生活が不規則で、成績もあまり伸びず、スポーツも芳しくないようです。もともとの能力はあっても、眠りが足りていないせいで、本来のパフォーマンスを発揮できません。

そういう状態では、気持ちにも影響します。眠くて気持ちが上向きにならないから、ネガティブなことを言うようになるのです。投げやりな気分になって、「やればできる」といった前向きな言葉は出てきません。

反対に、「まあ、仕方ないか」というような、あきらめの言葉ばかりが聞こえてきます。だって、眠いし……。

**なぜ睡眠不足なのかと言うと、寝る時間が遅いからです。**とくに夜中にゲームをやっている子どもが多くいます。

「みんなもやっている」と言いますが、みんなはある程度のところでやめて、ちゃんと勉強もしているとは思っていません。だから、「みんなと同じなのに点数が悪い。やっぱり自分はダメだ」となって、ますますネガティブになってしまいます。

いまの日本は、国民全体が夜ふかしになっていると言われます。夜遅くまで仕事をしているお父さんやお母さんも多いですし、24時間営業のコンビニやファミレスなど、便利なものがそろっていることも要因でしょう。

でも、子どもの体は、そんな現代社会に合うようにはなっていません（それは大人の体も同じことですが)。

小学生のうちは、せめて夜10時までには寝かせるようにしましょう。また、記憶は寝ている間に定着すると言われています。つまり、**ちゃんと眠らないと、せっかく勉強したことも頭に残らないのです。**それでは意味がありません。

睡眠は、生活にとって大切な要素であり、人としての基本的欲求です。体の成長を妨げるだけでなく、精神面でも、学力向上のためにも、睡眠不足でいいことなんて一切ありません。子どもの自信をはぐくむ、重要な要因であることを覚えておいてくださいね。

## 眠たい子どもに勉強させるのは無理、無理

睡眠不足の子どもは、夜中にゲームをしている……と書きましたが、実は、そうではないケースもあることがわかりました。

わたしも、はじめて聞いたときは耳を疑ったのですが、「8時や9時になんか寝たらダメでしょ」「ちゃんと起きて勉強しなさい」と言って、無理やり起こしておく親がいるというのです。何ということでしょう！

そんなことをしたって無意味です。眠いのに、勉強なんてできるはずがありません。やったとしても、頭に入ってきません。だから、やっぱり意味がないのです。

「俺はやっていた」と言うお父さんがいるそうですが、子どもにできるとはかぎりません。それに、お父さんが寝ずに勉強していたのは、大学受験のときでは？　それを小学生の子どもにさせるのは、間違っています。

また、お母さんが夜遅くまで家事をやっているせいで、子どもも遅くまで起きている家庭もあるようです。働いているお母さんは夜遅くなることもあるでしょうが、だとしても、先に子どもを寝かしつけたらどうでしょう。

あまり深く考えずに、家族みんなで夜型になってしまっている家庭もあると思います。「どこの家もそう」と思っているかもしれませんが、たとえまわりがそうだったとしても、合わせる必要なんかありません。

それよりも、子どもの健康のほうが大事です。まして、勉強のために子どもに夜ふかしさせるなんて、本末転倒以外の何物でもありません。そんなことをしても、子どもの体調を崩すだけです。

じゃあ……ということで、「朝5時に起きて勉強しなさい」と言うお母さんもいます。でも、それが子どもに合っているかが重要です。**眠くもないのに寝かせて、無理やり早起きさせるなんて無理です。そんな状態で、いい勉強ができるわけありません。**

そういうことを考えていない親が多いことに、あらためて驚かされます。勉強熱心な方にかぎって、子どもに無理を押しつけています。

ひょっとすると、それが「努力」だと思っているかもしれません。でも、その努力は他で使いましょう。もっとラクに、楽しく、効率のいい勉強法があります。

親が変にコントロールしようとしないほうがいいのです。もし子どもが朝早く自然に起きてくるなら、そのときに勉強させればいいと思います。

ただし、中高生くらいになると、朝起きるのがつらくなる子もいます。自分もそうだった、という方もいらっしゃるでしょう。

**子どもの体はどんどん成長し、変化していきます。**それに合わせて必要な睡眠時間や、朝目覚める時間、夜眠くなる時間も変わります。もちろん、体質などによる個人差だってあるはずです。

とにかく、子どもを伸ばしたいなら、無理して夜遅くまで勉強させるのはやめましょう。

# 子どもの体調に合わせて臨機応変に学ばせる

あの有名な○○さんは、朝早く起きて勉強して優秀な大学に合格したらしい——そんな理由で、子どもに朝勉強させているお母さんもいるかもしれません。

でも、大事なのは、あなたの子どもに合うかどうかです。他の勉強法や塾、教材などと同じように、他の人がうまくいったからといって、あなたの子どもも同じようにできるとはかぎらないのです。

それは親子でも同じこと。あなたやお父さん、他のきょうだいのやり方を、無理にやらせようとしないでください。

ちなみに、わたしが大学受験のころは「6時間寝たヤツは落ちる。5時間までじゃないとダメ」と言われていました(でも、わたしには6時間でも足りなかった!)。

無理やり夜ふかしや早起きをさせられると、体がついていかないので、いつも朦朧《もうろう》としているような状態になります。
お母さんは、子どものすべてを把握しているつもりかもしれませんが、実際は、学校や塾に行っているときの様子はまったく知らないはずです。もしかすると、授業中はずっと居眠りしているかもしれませんよ。

**小学生のうちは、生活のリズムを整えることを優先させましょう。**

計画を立てて勉強するのはいいのですが、計画どおりにするばかりでなく、体調に合わせて臨機応変にすることも大切です。
朝型か夜型かは人それぞれ。だから、自分はどういう時間帯にやると効率がいいのか、どういうふうにすれば勉強がはかどるのかを、子ども自身が気づくようにしてあげましょう。そのようなことがわかると、大人になってからも役に立ちます。

**勉強とは、己を知ることです。**

人から言われたままをやっていては、いつまでたっても自分が見えてきません。自分で考え判断できるようにならないといけないのです。子どもにそういう考えが芽生えると能力は飛躍的に伸びていきます。

お母さんは、たとえば子どもが疲れているときに無理に勉強しようとしていたら、「今日は算数じゃなくて社会からにしたら？」などと助言してあげてください。そうすることで、子どもは体調の悪いときには何をするのがいいかを学びます。

また、いつも同じことをやっていたらダレるので、「たまにはこっちをやったら？」などと促すのも、お母さんにしかできないことです。慣れ親しんだものがいい場合もありますが、小さい子どもは適当に済ませるすべも覚えます。

そうした**子どもの様子を見極めて、体調と合わせて判断しながら、子どもが自分なりの勉強スタイルを見つけられる手助けをしてあげてください。**

それには、愛ある視線で観察することが大切です。だからこそ、これは親（とくにお母さん）にしかできないことでもあるのです。

# 「なんで勉強しないといけないの？」と子どもに聞かれたら

あなたは子どものころ、勉強が好きだったでしょうか？　「どうして勉強なんてしなきゃいけないの？」と思っていなかったでしょうか？

たぶん、あなたの子どもも同じように思っています。もし子どもに勉強ぐせをつけさせたかったら、まず、なぜ勉強が必要なのかをちゃんと教えなければいけません。

でも、小学生の子どもに難しい話をしても理解できません。それよりも、**生活に落とし込んで話してあげたほうがいいでしょう。**「計算ができると、おこづかいで何を買えるかわかるよ」「アルカリ性と酸性のことを知らずに、お風呂の洗剤を混ぜて死んじゃった人がいるんだって」というふうに。

いま子どもが勉強していることが何につながっていくのか、お母さんがつねに考える必要があります。そんなことできないと思うかもしれませんが、難しく考える必要はなく、とにかくいろいろと考えてみるのです。どうやったら楽しく勉強できるか、と考えることで、いろいろと見えてくるはずです。

アルカリ性と酸性のようなものは、そういうニュースがあったときに、さり気なく言うと効果的です。その場では理解できなくても構いません。あとで学校で習ったときに「あ、お母さんが言っていたことだ」とわかる日が来ます。そうすると、理解度がまったく違うのです。

こんなふうに、**「勉強」と捉えないほうが子どもに伝わる話ができます。**実際、小学校で習うことは、生活に必要なことです。だから、「いい学校へ進むための勉強」ではなくて、**「生きる力を身につけさせる」**と考えて、それを子どもに伝えてあげましょう。

お母さんが自分も勉強が好きでなかったのに、子どもに「勉強しなさい」と強制したら、子どもにも勉強は嫌なものであると伝わってしまうものです。

どうやったら子どもに楽しんで勉強してもらえるか、を考えることは、まず、どうやったら自分が楽しめるかを考えることになります。子どもに勉強させるには、お母さんがちゃんと見てあげる必要がありますが、それには、お母さんも楽しめないと大変ですよね。

また、お母さんが「勉強なんて意味がない」と思っていたら、子どもだってそう思うようになります。どんなことでも、いま子どもが勉強している内容を否定してはいけません。

もし、なぜそれを勉強する必要があるのかわからないとしたら、そこまで追求していないからです。そこには必ず意味があります。

「ことわざなんて覚えても仕方ない」と言う人がいます。あなたも無意識のうちに、子どもの前で言っているかもしれません。でも、子どもはそういう発言をちゃんと聞いていますし、頭の中に残っているものです。

「勉強すると、こんなことがわかって楽しいよ」「知らないことが世の中にはたくさんあるね」「知っていると役に立つね」……。

**勉強って楽しい、役に立つと親が示してあげることが大切です。**

# 12 「生きていく力」を育てる

自分の子どもに、どんなふうに育ってほしいか。将来どういう人間になり、どういう人生を送ってほしいか。その思いは人それぞれです。なかには「元気だったら、それでいいの！」という親御さんもいます。

たしかに、がんばって勉強して、いい大学に入れば、いい会社に就職できて、一生安泰……という時代は終わりました。「幸せ」の形も多様化していますし、何が「成功」なのかも、目指しているものによって大きく違います。

だから、「元気なら、それでいい」という気持ちは、よくわかりますし、たしかにそのとおりだとも思います。ある意味では、親の究極的な望み、と言ってもいいかもしれません。

ひょっとすると、自分が親から「勉強しろ」と口うるさく言われて育って、そのつらい記憶があるから、子どもには無理に勉強させたくない、と思っている人もいるかもしれません。壮絶な受験戦争を体験した人には、そういう考えで子育てをしている場合も少なくないでしょう。

でも、だからと言って、小さい子どもに何も教えず、あまりにも「野放し」にするのは、親として無責任ではないでしょうか？

わたしの知り合いにも、「うちの子は勉強なんかできなくても、元気だったら、それでいいの！」と言って、子どもに何もしていなかった人がいます。でも、そのせいで、その人の子どもは年相応の語彙力や読む力がつかず、特別な指導を受けることになってしまいました。

**いくら元気であっても、基本的な読み書きや計算もできないようでは、ふつうに生活していくこともできません。**どんな人生を歩むにしても、生きていくために必要な基本的なことは身につけさせるのが親の義務とも言えるでしょう。

「子どもをいい大学に入れたい」と思っている場合でも、その前に、まずは人として基本的なことを身につけさせる必要があります。

わたしの考えでは、最低限、ひらがなを書く、読む、足し算・引き算ができるようになるまでは、親は子どもを気をつけて見るべきだと思います。

そして、勉強することを「習慣」にできている必要があります。小学生のうちに身についていれば、あとは習慣になっているから、自然と続きます。だから、もう親が何も言う必要はなくなります。

**言葉をきちんと身につけ、自分の頭で考える力が身についていれば、何がほしいか、どうしたいかということを、ちゃんと自分で考えられる子どもになっていきます。**

# 12歳までに「勉強」を習慣にする

12歳までに勉強の習慣を身につけておくことは、子どもの人生にとって、とても大きな意味をもちます。言い換えると、**中学生になってからやらせようと思っても遅い**、ということです。

なぜなら、中学生になってからでは、子どもは思春期・反抗期に入ってしまうからです。そこからは何を言っても、もう親の言うことなど聞いてくれません。そうなってから子どもに勉強の習慣をつけさせようとするのは、親にとっても、ものすごいエネルギーがいることです。

だから、**お母さんも、子どもが小学生のうちに「言葉の習慣」を身につけてほしいのです。**それは、「しなさい」と言わないこと。「勉強しなさい」というお母さんのセリフが、子どもをつぶす最大の原因だからです。

そうは言っても、どうしても「しなさい」と言ってしまうものです。わたしだって完璧にはできていませんでした。子どもが小さいうちは、ときどき怒ってもいました。でも、子どもたちが中学生になってからは、ほとんど言っていません。

実は、前の本を読んで小さい子どもにも絶対に言ってはいけないと思っているお母さんがいるようです。だけど、どうしても「しなさい」と言ってしまうことはあります。それはいいのです。**ただし、子どもが中学生になってまで「勉強しなさい」と言うのはNGです。**

それまでずっと「しなさい」と言ってきたお母さんが、子どもが中学に上がった途端それをやめるのは無理です。だから、「子どもが12歳になるまでに習慣化する」ことが大切なのです。

それは、子どももお母さんも同じです。12歳までに勉強する習慣を身につけさせる。子どもが中学生になるまでに「しなさい」と言わない習慣を身につける。

習慣化のいいところは、パワーがいらなくなることです。勉強すること、努力すること、がんばることが習慣になれば、子どももラクですし、お母さんもとてもラクになります。「しなさい」と言うのは結構エネルギーを消耗します。

また、お母さんのなかには受験だけを見ている人もいます。とりあえず受験に合格することだけを考えていて、勉強を子どもの習慣にできていないのです。当然、子どもは受験が終わった途端に何もしなくなります。

でも、勉強は一生終わりません。社会に出て、会社に入ってからも、勉強は必要です。学ぶこと、覚えなければいけないことは、たくさんあります。資格を取るとなったら、仕事をしながら勉強をしなければいけないのです。

もっと年を取ってからでも、新しいことを学ぶことは必要です。そうでないと、どんどん変わっていく世界から取り残されてしまいます。

**人は、ずっと勉強しなければいけないのです。**

学校を出たら勉強は終わり、という感覚をもっている人もいるかもしれませんが、そんなことはありません。知らないことがあったら、大人でも「それって何？」と人に聞いたり、自分で調べたりするはずです。勉強は、それと同じです。

みずから進んで勉強することを、小学生のうちに習慣化できていることが大切です。

それは、子どもの一生を左右するほど、人生の大きな力になるのです。

# 2章

# 子どもの可能性を発見する、習い事、ゲーム・スマホ、友だち……との上手な付き合い方

# 「とりあえず」なら、習い事をさせる意味はない

「どんな習い事をさせればいいですか？」

お母さんからよく聞かれる質問です。と同時に、わたしからも言いたいことがたくさんある！　そんなテーマです。と言うのも、正直なところ、むやみやたらと習い事をさせている親が、あまりにも多いのです。

いちばん重要なのは、子ども自身がやりたいということ。でも、それだけで何でもかんでもやらせるのではなく、なぜやらせるのかという親の目的も大切です。

あるきょうだいの話をします。小学生の妹は、わたしのところに来てから、英語のリスニングや読解力がとても高くなりました。一方、そのお兄ちゃん（中学生）は、リスニングで0点を取ることもあるくらい英語が苦手。だからわたしは、もともと妹のほうにだけ英語学習をやらせていて、お兄ちゃんは何もやっていないんだなと思っ

ていました。

でも、違いました。「息子のほうがものすごくお金をかけて英語をやったんですよ」とお母さんは言うのです。それなのに、なんで全然できないのだろうと思ってお兄ちゃんに聞いたら、「英会話教室で日本語をしゃべっていました」とのこと。

たしかに、女の子のほうが「英語をしゃべりたい」という気持ちをもち、反対に男の子は興味を示さない子どもが多い可能性はあります。でも、男女の差という問題ではなくて、結局、本人がやりたいと思うことが何よりも重要なのです。

そうでないと、せっかく通わせても何も学びません。興味がないのだから、それは仕方のないことです。そんな習い事に、どれくらいお金をかけますか？

興味があれば、学ぶことが楽しくなります。楽しければ、何を学んだかをお母さんにあれこれと教えてくれるでしょう。人に教えるには、自分がちゃんと理解していないといけません。だから、どんどん学習していくのです。

そういう習い事であれば、払ったお金以上のものを子どもは得ていくはずです。

4歳くらいの子どもに「英会話を習わせたい」と言うお母さんがいました。でも、何をさせたいのか聞くと、「考えていない」と言うのです。

習い事をさせる、というところで終わっていて、どれくらい上達させたいのか、それで子どもに何を得てほしいのか、といった「何をどうしたいの？」を考えていないのです。

外国人の先生のところに何十万も払って通わせたのに「hello」のつづりすら書けるようにならなかった！と言って怒っていたお母さんがいますが、そもそもそこは「英会話」ばかりで文章を書くことはあまりやっていませんでした。英語の何を学ばせるかを考えずに「とりあえず」やらせると、こういうことになりかねません。

**習い事は、時間もお金も費やします。目的をきちんともちましょう。**だから、「とりあえずやらせればいい」という考えでは意味がないのです。

# 子どもが望んでも過密スケジュールはダメ

「とりあえず」という理由で習い事をさせているお母さんは、もしかすると、親の安心感のためだけに子どもに習い事をさせているのではないでしょうか？

それでは、子どものためにはなっていません。そういう場合にかぎって、子どもは習い事のスケジュールで毎日あっぷあっぷしていて、いつかプツンと切れるようなことにもなります（実際そういう子もいました）。

**時間がないということは、いろいろなことを考える時間がないということです。**ただ、与えられたことをこなすだけの毎日になってしまいます。大人でも、そんな生活はおすすめできません。子どもはなおさらです。

そのように育った子どもは、少し大きくなってから空いた時間を作るように言っても、何をしていいかわからず、自分で新しい習い事を見つけてきたり、何とかスケジユールを埋めようとします。

親からの押しつけはダメだけど、子どもがやりたいと言えばいい、と思っている人もいますが、**たとえ子どもがやりたいと言っても、詰め込みすぎるのはやめましょう。**

ある男の子は、自分がやりたい習い事と親に行きなさいと言われた塾で毎日スケジュールがいっぱいでした。ですが、中学受験に受かったところで、何もかも嫌になって、すべてやめてしまったそうです。

それからはスポーツをするわけでも、勉強をするわけでもなく、ゲーム三昧。小学校のときにはあった勉強やスポーツに対するプライドも高校生になったらなくなってしまったといいます。

すべてをやめた後、自由な時間があることがとてもうれしかったそうですが、これはあまりにも過密なスケジュールを送ってきたことの反動でしょう。

子どもにとって、時間は大人以上に短く感じられるのかもしれません。子どもの成長は早く、物事を習得するのも大人とくらべものにならないほどです。

何がいいかは、やってみないとわからないものです。だからといって、次々と新しいことをやらせて、何種類もの習い事を毎日、なかには1日に2つも習い事が入っている状況は子どもに負担が大きいと感じます。

子どもにとって、空き時間、自由な時間を作ることは大切です。それは子どもが考える時間でもあり、リラックスする時間でもあり、何かを試そうとする時間であるかもしれません。

とりあえずやらせればいいという考えや、反対に時間を有効に使おうと過密スケジュールにしてしまうのは、子どもの時間を潰し、子どもを疲弊させてしまいます。

その習い事はなぜやっているのでしょう。みんながやっているから？　頭がいい子がやっているから？　もしかして、人の意見におどらされているだけではありませんか？

あなたの子どもに、本当にその習い事をさせる必要がありますか？

# 意外な習い事が子どもの未来を作ることもある

習い事が大好きだった娘に対して、息子はまったく何もやりたがりませんでした。「何かしないの？」と聞いても、家のソファの背もたれにだら〜んとスヌーピーみたいに横たわって、「ヒマがなくなるのが嫌」と言い出す始末。

わたしとしては、娘のように息子にも、何かに夢中になってほしかったのです。だから、いろいろ提案して試させてはみたのですが、本人がやってみると言って始めても、結局どれも合わなくてやめてしまいました。

本当にこれでいいのか悩んだわたしは、いろいろな人の話を聞いてみました。すると、ある人が地元の音楽クラブを教えてくれました。うちの子が音楽なんて絶対にやらないだろうな、と思いつつも話してみたら、まさかの「行ってみる」。

そう、親が思っているものとはまったく違うことを、子どもがやりたがる場合もあります。

でも、子どもは自分で音楽クラブなんて見つけられません。だから、お母さんがいろいろと見つけてきてあげなければいけないのです。そのために、いろいろな人に話を聞いてみることも必要だと思います。

息子はそのクラブで、日本全国で開催されるコンクールに出かけていくなど、本当にいろいろな経験をさせてもらいました。

しかも、そのクラブで仲のいい友達ができて、その子と同じ学校に行きたいから、ということで、中学受験に向けて勉強するようになりました。それで、塾にも通うようになったのです。

そこまでの展開は、わたしも期待していませんでした。最初は「何か夢中になることを見つけてほしい」という思いでしたし、入ってからは「いろいろな経験をしてほしい」と思っていましたが、それ以上のものを息子に与えてくれたのです。

**小学生のときの思い出や感動は、ずっと残ります。子どものころにいろいろな経験をさせると、純粋な感動を得られるので、とても貴重です。**

そういう意味では、無理に習い事をさせなくても、たとえば本を読むのでもいいと思います。実際わたしは、子どものころに読んだ本の感動を、いまでも覚えています。

いずれにしても、**本人がやりたがることでないと、やらせても意味がありません。**興味をもって進んでやらないと、どんなに貴重な経験をする機会があったとしても、感動するどころか、何も記憶に残っていないかもしれません。

わたしの子どもたちは好きなことがはっきりしていましたが、なかには自分が何を好きかわからず、とりあえず親に言われたことを続けている子どももいるかもしれません。でも、いつか「なんか違う」と気づくときが来ます。中学生や高校生になってからでは、のちのちに悪影響が出てくることもあります。

だから、小学生のうちに親が見極めてあげましょう。でも、けっして親のものさしでは判断しないでください。

# お母さんの声で子どもは英語に興味をもつ

子どもに英語を習わせたい、というお母さんが増えています。わたしも、小学生から英語の本を読む教室を開いているので、お母さんから相談を受けることがあります。

たしかに、グローバル化が進んでいますから、小さいうちから英語を話せると、将来に大きく影響するかもしれません。でも、はっきりとした目的がなければ、やらせても意味がありません。「良さそうだから」では、何も身につかないのです。

**英語の場合はとくに、どのレベルまで学ばせたいのか、親がしっかりと考えていないと、まったく目的に合っていないところにお金をかけることになります。**流暢に話せるところまで上達させたいのであれば、そういうところに通う必要があります。

わたしは小学生には、英語に興味をもってもらい、英語を好きになってもらうことを目指しているのですが、それなら、実は家でお母さんがやってあげることもできます。お母さんが読み聞かせをしてあげればいいのです。

そう言うと、「わたしは英語ができないから」と思うかもしれませんが、発音が少々下手でもいいんです。

お母さんが読み聞かせをするいいところは、子どものペースに合わせてあげられることです。CDなどをただBGMのように流しっぱなしにしても、役に立ちません。子どもがちゃんと意識して聞かないと意味がないからです。

**お母さんが読んでくれれば、子どもは聞いてくれます。**それに、お母さんが読んであげることで、子どもは興味をもつようにもなり、もっと勉強したいと思うようになるのです。そうなったら、子どもと一緒にCDを聞きましょう。

このように読み聞かせをしていたある男の子は、喫茶店で隣り合った外国の人に、みずから話しかけに行ったそうです。英語に興味をもって、話したくなったのでしょう。そんなふうになってくれれば、親としてはうれしいですね。

なお、わたしが使っているのは、「Oxford Reading Tree」というイギリスの小学校の教科書です。イギリスの子どもたちに英語を教える本なので、とても素晴らしく、大人でも勉強になります。個人的に好きなのは「I Can Read」というシリーズで、こちらはお話が面白く、楽しく読むことができます。

どちらもネット書店や大型書店などで買えますが、できればCD付きを買うといいと思います。もし子どもが興味をもってくれたら、耳でも学ばせることができるからです。

## ただし、無理やりはダメです。

幼稚園の子ども（3歳）に無理やり英語の読み聞かせをやっていたお母さんがいたのですが、子どもがあまりにも嫌がるので英語の先生に相談したら、一切やめてくれと言われたそうです。それよりも、「家の中に絵本を転がしておいてください。そして、ときどきお母さんが楽しそうに、その本を眺めてください」と。

そうすると、子どもは興味をもつようになります。その子も数カ月後、自分からお母さんに「読んで」と本を持っていったそうです。

# その習い事は、子どもの将来のためになりますか？

お母さんに「その習い事は何のためにさせていますか？　将来に続きますか？」と聞いても、「そこまでは考えていない」と答える人が多いです。

大人になっても趣味をもっていない人も多いので、子どものうちから何かやらせておくのはいいことだと、わたしも思います。いろいろな経験をさせることもいいと思っています。

子どもが楽しそうにいろいろな経験をしているのは、見ている親のほうも楽しくなりますよね。でも、「そうさせたい」と思っても、なかなか親の願うとおりにならないことも多いものです。

わたしは子どものときに習ったものは、大人になっても続けていけるのが理想だと思っています。子どものときに習ったものを基礎として他のものにシフトするのも、素敵なことです。もちろん途中でやめてもいいし、大人になって新しい習い事を始めるのもいいでしょう。

しかし悲しいかな、大人になって始めたことは、子どものときからやっている人にはかないません。特に運動系の習い事は子どもと一緒に始めても子どもがあっという間に抜かしてしまうもの。子どものころに習ったものは体が覚えています。

子どもの長い人生を思えば、夢中になれる趣味を持っているというのはとても幸せなことではないでしょうか。だからこそ子どもの習い事は、将来を見据えて考えてほしいと思うのです。

将来というのは、それによって生計を立てるとか、プロになるとか、そういうことだけではありません。いろいろな経験をさせる、生涯に続く友情を築く、努力することを覚えさせる、達成感を味わわせる……理由はいろいろと考えられます。

子どもにとっても、好きなことに没頭できる時間は幸せなものです。自分が好きなことを追求することで、自分の世界を広げることができるでしょう。幸せそうな子どもの姿を見ると、親もまた幸せな気持ちになります。

子どもは当然多くの物事を知っているわけではありません。視野を広げるためにいろいろなことを経験させるのはいいことですが、手当たり次第にやることはできません。最終的に何を選びとるかは、子ども本人です。

「私はこれがやりたかったのに、お母さんがこれをやれって言ったから」というのは、とてもよく聞く言葉です。

**親の言いなりで習い事をさせるのではなく、子どもが決める。**
**自分で選んだ道を自分で歩く。**

自信につながる小さな一歩だと思います。

# ゲームやスマホをやめさせるのは親のケジメ

ゲームやスマートフォンとの付き合い方に悩んでいるお母さんは多いと思います。これも「正解」があるわけではないので、スマホは何歳からとか、ゲームは一日何時間ということは言えません。

ただ、やめさせたいのにどうしても子どもがやめない場合は、それはお母さんの意思の問題もあると思います。**お母さんのほうがルールを守れていないのが問題です。**

とくに、取り上げたときのルールが重要です。たとえば「ゲームは1日1時間。それを破ったら捨てる」と決めたとします。でも、ほとんどの親は、子どもがルールを破っても捨てません。もったいないからです。

気持ちはわかりますが、そうやってルールをないがしろにするのはよくありません。

もったいないなら、「捨てる」と言ってどこかに送っておけばいいのです。家の中に隠すのではすぐ見つけ出されて、子どもに甘く見られてしまいます。

ある家庭では、子どものマンガを、すべて段ボールに詰めて実家に送ったと言っていました。捨てられないなら、とにかく家からなくさないといけません。

どんなに隠しても子どもは執念で探します。夜中にこっそり見つけて読んで、また戻しておいたりします。

「いくら隠しても、絶対に見つけちゃうのよね」と困っているお母さんがよくいます。でも、そもそも家の中にあるから探し出されてしまうのです。

ゲーム機でもマンガでも、携帯電話でもスマホでも、隠すなんていうのは甘いのです。そこをきちっとやっている家の子どもは、どんどん伸びていきます。反対に、そこがいい加減な家庭は、子どもの勉強もいい加減になります。

**ゲームやスマホとの付き合いには、親の覚悟が必要です。**

なかには「窓から投げ捨てたよ」と嘘をつく親もいます。最初は、子どももそれを信じます。それなのに、少したったら「捨ててないよ〜」と言って出してくるのです。

一度そんなことをしたら、子どもにナメられてしまいます。

あるいは「約束を守らなかったら預かる」と言ってスマホを取り上げようとしても、子どもは「友だちとの連絡に必要だから」と言います。最近では学校や塾の連絡網がLINEだったりするので、たしかになくなると困るかもしれません。

でも、そんなことは関係ない、という毅然とした姿勢が大事です。

それに、実際には家の電話があれば十分なはずです。連絡のとり方は、いくらでも考えられます。頭を使って工夫すればいいのです。考えるチャンスにもなります。この機会に、スマホがない不便さを経験すればいいのではないでしょうか。

どうしても必要なら、「もうルールは破らない」「ちゃんと勉強する」という交渉をしないといけません。それは子どもではなく、親のケジメです。

捨てると言ったら、本当に捨てるべきです。必要になったら、また買えばいいのです。子どもが勉強の習慣を身につけられないまま育つのと、その数万円と、どちらが大事でしょうか。親の甘さを子どもに見破られていませんか？

# 「ゲームに夢中になるな」というのは無理な話

いまでは小学生でもスマートフォンをもっている子が増えていますが、わたしは、子どもがほしいと言わないかぎり、与える必要はないと思っています。言い換えると、ほしいと言われたら、よく考えて、買ってあげてもいいのではないでしょうか。

というのも、クラス全員が持っているような状況で、子どもにほしいと言われたときに、それでも買ってあげないでいることは難しいと思うのです。

ただし、子どもが欲しいとも言わないうちからスマートフォンなどゲームができるものをプレゼントするのはやめたほうがいいでしょう。**何のために持たせるのかを、よく考える必要があります。**

ゲームも、いまは友だち同士でネットをつないでやっていることが多いようです。ただでさえ夢中になるのに、友だちとやっているのなら、なおさらやめられません。

あんまりのめり込みすぎると、依存することにもなりかねません。

ゲームやスマホを長時間やっていると、勉強する時間がなくなります。でも、それだけでなく、勉強を同じ時間したとしても、ふだんスマホばかり見ている子どもは成績が悪くなる、という研究結果もあるそうです。単に時間の問題ではないのです。

そうは言っても、**そもそもゲームというのは、夢中になるように作られているので、「夢中になるな」というのは無理な話です。**大人だって夢中になるのですから、子どもが夢中になるのを止めることはできません。

たとえば、勉強をやってからゲームをやると、夢中になるので、結局は夜中ずっとやっていることになります。だからと言って、勉強の前にゲームをしたら、よほど強固な意志がない限り、やめられなくなるでしょう。

だからこそ、**しっかりとルールを決めて、それを守ることが必要になります。**

ある子どもは、親が何度もスマホを隠すくらいスマホに依存していたのに、あるとき友だちに借りたマンガを読み始めたらハマってしまい、5〜6時間も読み続けたそうです。

スマホやゲームより、マンガのほうがいいと思います。なぜなら、マンガには終わりがあります。でも、のめり込みすぎないほうがいいのは同じこと。何時間も読み続けるのはよくありません。

でも、その子はこれをきっかけに、それほどスマホのゲームをしなくなったと言います。

また、ゲームをするよりテレビを見るほうがまだいいとも思います。テレビには区切りがあるからです。ゲームは何時間でもできます。スマホなら、ひとつが終わっても、次から次へとダウンロードできる便利な世の中です。

それに比べてテレビは、何時間も見られません。そのうち眠くなってしまいますし、そもそも小学生の子どもが見たいような番組が、ずっとやっているわけではないからです（CSチャンネルなどは別かもしれませんが）。

ゲームでもスマホでも、マンガもテレビも、それ自体が悪いのではなく、のめり込んでずっと続けることがよくないと思います。それを、子どもにしっかりと伝え、ちゃんとルールを守れるように親子で話し合いましょう。

# お母さんもちょっとゲームをしてみては？

白状しますが、ゲームに関しては、実はわたしも結構のめりこむほうなので、のめり込んでしまう子どもの気持ちが、すごくよくわかります。本当に、何時間でもできてしまうのです。

「もうやめた！」と思って、すべてのアプリを削除するけど、また3日も経てばダウンロードしてしまう……そんなくり返しです。息子から「情けないからやめてくれ」と言われたこともあるくらいで、お恥ずかしいかぎりです。

この本を読んでいるお母さんのなかには、ゲームなんてしたことがない、という方もいらっしゃるかもしれません。でも、ほとんどの人は、スマホのゲームくらいなら、電車の中や時間つぶしにやってみたことがあるのではないでしょうか。

もし本当に一度もやったことがない人は、やってみるといいと思います。そうすると、子どもがのめり込んでいく気持ちがわかるはずです。

いまはゲームの種類もたくさんあり、歴史や地理、経済などの勉強になるものも結構あります。**実際に子どもがどういうものをやっているかを知ることは、大切です。**

ゲームソフトでもアプリでも、小学生の子どもなら、買ってあげているのは親です。だったら、どんな内容か知っておくべきです。もし子どもが自分のおこづかいで買っているのだとしたら、なおさら知っておいたほうがいいと思います。

それが、親子の会話のきっかけになることもあります。

ただし、親も夢中になったから子どもも夢中になっていい、ということではありません。子どもには勉強という大事な〝仕事〟がありますし、睡眠不足になって、いろいろなところに悪影響が広がるかもしれません。

また、わが家の場合、子どもがゲームをやっているときに、横から「そこでパンチよ！」「なんで飛ばないの!?」などとあれこれ口を出していたら、子どものほうが嫌がってゲームをあまりしなくなった、という思わぬ効果もありました。

頭ごなしにダメと言うよりも、お母さんが理解を示してあげたうえでルールを決めたほうが、子どもも守ってくれるのではないでしょうか。

ゲーム以外にも、マンガやアニメであれば、子どもと同じ趣味をもつつもりで一緒に楽しめば、話題が増えて、会話も弾むようになります。

わたしの場合、夕方のアニメを見ながら夕飯を作るのが日課だったので、それを子どもたちに話しては、ああでもないこうでもないと語ったり、一緒に本を読んでみようと話したりしていました。それは、とても楽しい時間です。

その延長で、わが家では小説や映画の話もするようになった気がします。いまでも子どもたちと会えば、「あの本、読んだ?」「あの映画は見た?」と会話が弾みます。

# もっと「先」を見てスマホと付き合いましょう

バスや電車の中で小さな子どもがうるさくしていると、おじさんがそのお母さんを怒鳴りつけていることがあります。

そして、お母さんが子どもをおとなしくさせようとスマホを渡すと、今度は別のおばさんに「そんなに小さいときからスマホなんてさせて」と小言を言われます。

幼児期にスマホをさわらせることについては、賛否両論、いろいろな意見があります。お母さんも「いいのかな？」と不安に思っているでしょうし、その反面、こういう場面でのつらい気持ちもわかります。

でも、行きずりのおじさんに怒鳴られるなんて一瞬のことなんだから、いいじゃない。わたしは、あえてそう言いたい。それよりも、小さいうちからスマホを与えて、それが子どもの将来に影響を及ぼすことのほうが心配です。

もしかすると、それがきっかけで子どもが一生、スマホ依存症になるかもしれません。

子どもの将来を考えましょう。バスや電車の中でも、「とりあえず、いまだけ収められればいい」と思っているととんでもないことになる可能性もあります。

実際、知り合いの精神科医のところには、すでに1日6〜7時間もスマホを手放せなくなった子どもが来ているそうです。「うちの子にかぎって」と思っているかもしれませんが、どうなるかはだれにもわかりません。

スマートフォンが誕生して、まだ20年ほどです。小さいときからスマホを見ていたことが、大人になってからどんな影響となって現れるのか、まだわからない部分がたくさんあります。

しかし、間違いなく、何らかの影響はあります。依存症にはならなくても、睡眠障害や、視力の低下、コミュニケーション能力の低下など、さまざまな問題が明らかになりつつあります。

子育てが大変なのはたしか。それは、本当によくわかります。

でも、大変な思いをしただけの結果は必ず出るのが子育てです。その代わり、お母さんがラクをした結果も、必ず出ると思ってください。

小さいうちにスマホを与えることは、子どもがスマホ依存になる道筋を親が付けているようなものなのです。

そして、**子どもがスマホに興味をもつのは、親がずっとスマホを見ているからでもあります。**子どもは、お母さんが楽しそうにやっていることを、自分もやりたいと思うのです（その気持ちを、ぜひ絵本や他のものに向けさせたいものです）。

また、すぐネット検索をする親の子どもは記憶力が悪くなる、とも言われています。これは子どもだけでなく、大人もそうだと思います。「ググれば答えがある」という環境が身にしみついてしまうと、脳が覚えるということをしなくなるのです。

わたしたちも、昔は友だちの家の電話番号を覚えていられたのに、いまでは自分の番号すら覚えていない人も増えています。覚える必要がないからです。

でも、それでは脳の働きは鈍くなっていく一方ではないでしょうか。

# 友だち付き合いも親がブレないことが大切

「子どもに付き合ってほしくない友だちがいるのですが、どうすればいいですか？」という質問を受けることがありますが、もし、どうしても付き合ってほしくないなら、ちゃんと子どもに言えばいいと思います。

**「みんなと仲良く」という、きれいごとだけでは生きていけないのが人間社会です。**それは、大人になってみれば嫌でもわかることです。それなのに、建前ばかりを教えていたら、子どもはかえって生きづらくなってしまいます。

それに親のほうも、きれいごとだけで生きてはいないはず。子どもには「みんなと仲良く」と言っておきながら、お母さんは人の悪口を言っているなど、親の本音と建前が違うことに気づいたら、子どもは親を信頼できなくなります。

親の〝嫌な部分〟を見た気分になって、子どもがつらくなるのです。

世間一般の常識や建前ではなく、親として子どものことをいちばんに考えて、「こういう人とは付き合ってほしくない」という強い思いがあるなら、それを子どもにちゃんと伝えることは大切なことだと思います。

それは、言ってみれば「家訓」のようなもので、家族みんなが守るべきことなのだと、きちんと話せばいいと思います。

**いちばんよくないのは、親の言うことがコロコロと変わることと、子どもには「ダメ」と言っておきながら、親はそれを守らないことです。**

また、子どもに話すときには、「あなたのために」とは言わずに、なぜ付き合ってほしくないのか、という理由を説明しましょう。「何となく」とか「どうしても」といった適当な理由だと、子どもは納得しません。

子どもに守ってほしいなら、そこには親の信念がないといけません。信念があるなら、ちゃんと伝えましょう。

ただし、「こういう人と付き合いなさい」という制限はよくないので、口で言うのではなく、お母さんも行動で示してあげればいいと思います。お母さんが「いいな」

と思うような人と付き合っていれば、子ども同士も仲良くなるものです。

これはとてもデリケートな問題なので、なかなか相談できる人もいなくて、悩んでいるかもしれません。でも、親の気持ちをちゃんと伝えれば、子どもは考えてくれます。一方的に押しつけるような言い方はダメですが、伝えることは大切です。

ただ、小さな子どもだとその話を無邪気に友だち本人に話してしまう可能性がありますし、どうして付き合ってほしくないのか、なかなか子どもには言いづらい理由のこともあるかもしれません。そういうときは、当たりさわりのない（でも、けっして嘘ではない）理由を見つけられるといいと思います。

たとえば、家が遠くて送り迎えが難しいから遊びに行くことはできない、といった感じです。こんなふうに、向こう側の理由ではなく、こちらの問題に置き換えられるといいと思います。

家庭の方針が正しいかどうかは、ここでは関係ありません。自分の頭で考える力をもった子どもであれば、大人になったら自分自身で判断できるようになります。それよりも、親としての断固とした信念なのかどうかが問題です。

# 学校以外のところにも友だちを作っておく

小学校高学年くらいになると、子どもがいちばん影響を受けるのは友だちだと言われます。いじめが深刻化してくるのも、この年齢からです。

だから、学校以外の友だちを作れるようにしておくといいと思います。

いじめを受けて苦しんでいる子どもは、学校しか見ていない、視野が狭くなっている可能性があります。塾や習い事など、**学校以外のところに「逃げ場」を作っておけば、最悪の事態にはならずに済むのではないでしょうか。**

そのために、学校や塾だけでなく、いろいろな子どもだけのイベントなどに参加させるのもいいと思います。

また、家の近くの塾や習い事が嫌なら、あえて遠くのところに行かせるなどして、「世界はここだけじゃない」ということを子どもにわかってもらいましょう。たとえ学校に仲良くできる子がいなくても、自分が楽しくいられる別の世界があるということは、子どもの自信にもなります。

それは、大人も同じです。あなたも、趣味や習い事などを通して、**「○○ちゃんのお母さん」とか「○○さんの奥さん」じゃない場を作っておくといいと思います。**

そのような人のほうが、いつも精神的にも安定していられます。「わたしにはここしかない」というふうに追いつめられた気分にならないからです。それが、いろいろな世界をもっておくことの大切さです。

また、母親同士が近づきすぎないほうが、子どもにとっていい場合もあります。だから、ちゃんと距離感を考えて付き合ってください。

ママ友は貴重な情報源ですから、まったく付き合わないことのデメリットもあるでしょう。でも、深入りして、のちのちトラブルになることもあります。そうならないように、ぜひ、あなた自身の「逃げ場」も作っておきましょう。

ママ友は、あくまでもママ友で、本当の友だちとは別だと割り切ったほうがいいように思います。子ども同士が関わっていないほうが相談しやすいこともあるはずです。

実際、わたしはママ友付き合いをほとんどしなかったのですが、それ以外の友人や知人に相談することで、子育てのいろいろな悩みを解消できました。学校や塾などの情報は、自分でしっかりとアンテナを張っていれば、ちゃんと入ってくるものです。

子どもは人と比べられることが大嫌いです。それは、お母さんも同じではないでしょうか。**子どもだけでなく自分のことも、人と比べないでください。**比べるなら、自分自身と比べましょう。昨日の自分と今日の自分、というふうに。

ママ友付き合いをしていると、服装や持ち物なども「みんながこうしているから」とか考えてしまうようですが、何と言われてもわたしはわたし、という強さをもってほしいと思います。

なかなか難しいことかもしれませんが、狭い世界（ママ友）だけでなく、いろいろな世界があることを、お母さんにも、そして子どもにも知ってほしいのです。

# 3章

# 子どもが<br>ぐんぐん伸びていく<br>家庭の作り方

# 子どものしつけは夫婦で棲み分けましょう

昔は、お父さんは子育てに口出ししない家庭が多かったと思います。いまは、イクメンパパなど、子育てに積極的に参加するお父さんが増えています。

どちらがいいとか悪いということではなく、バランスが取れていることが大切です。お父さんが子育てに無関心で、お母さんに任せっきりにしていると、お母さんが暴走してしまったときに、止める人がいないことになります。でも、いくらお母さんが爆発しても、お父さんのところに避難できれば、子どもは安心できます。

反対に、お父さんも子育てや教育に熱心で、両親ともがあれこれと言う家庭では、子どもへの重圧が増えてしまいます。

子どもの人数が多いなら、分散されるので、それでもいいでしょう。でも、いまはひとりっ子の家庭も多く、そうすると、子どもはひとりで、ふたり分のプレッシャーを受け取っていることになります。

このことに、親も子どもも気づいていないことが、いちばんの問題です。そして、多くの場合、気づいたときには手遅れになっているのです。

両親ともが口うるさく「しなさい」と言っていると、子どもは本当に大変です。お母さんだけが言っているなら、自分できついところとゆるいところを調整できますが、ふたりになるとそれもできません。

「私、すごく口うるさいんですけど、ヤバいですかね？」と心配しているお父さんがいました。くわしく聞くと、食事中のマナーについて、とくにうるさく言っているそうです。

こういう場合は、ぜひ夫婦で棲み分けをすればいいのです。食事のマナーはお父さんだけが注意して、お母さんは何も言わない。反対に、お母さんがきつく言うところは、お父さんは言わないようにする、といった具合に。

一般的には、お母さんのほうが口うるさいのがふつうだと思います。10か月も自分のおなかの中にいたわけですし、自分で産んでいるし、それからは24時間ずっと面倒を見ているのですから、どうしてもそうなります。

また、子どもと接する時間も、お母さんのほうが長くなります。そうすると、どうしてもお母さんが小言を言うことが多くなるのは、仕方のないことです。だから、お父さんはなるべく小言を言わないほうがいいかもしれません。

お父さんが厳しく注意したとき、子どもがそれをできたら、お母さんが褒めてあげましょう（本当は、お父さん自身が褒めてあげるのがいちばんいいのですが）。

お父さんがあまりに厳しいと、子どもはお母さんと結託してしまいます。もちろん、その逆もあります。**たとえ厳しかったとしても、できたら褒めてあげると、子どもは自分のことをちゃんと見てくれていると安心し、愛情を感じます。**そしてそれが自信にもつながっていきます。

両親ともが厳しいと、子どもを追いつめます。だから、できれば棲み分けてください。もし片方だけが厳しいなら、厳しくない側がちゃんと褒めてあげること。

# 夫婦の悪口は言わない。子どもにはオアシスが必要

夫婦それぞれの悪口を言わないということも、子どもとの関係では大切です。

でも、夫婦の間にはいろいろありますし、人間だからつい言ってしまうこともあります。それは仕方のないことです。

だから、褒めることも必要なのです。本人（ご主人）のいないところで、「お父さんは、あそこがすごいよね」と子どもに言ってみてはどうでしょうか。

日本人というのは、あまり身内を褒めることをしないのですが、悪口ばかり言っていたら、子どもにしてみれば「なんで結婚したの？」って思ってしまいます。

小さい子どもの場合、接する時間が短いと、お父さんのことが実はよくわかっていないこともあります（夜遅くまで何をしているのか、など）。だから、「お父さんはお仕事がんばっているよね」と言ってあげることも必要です。

「褒めるところなんてないわ」などと思わずに、意識して見つけてあげてください。それが、子どものためになるのですから。

そして、子どもを叱るときに、「お父さんの悪いところがそっくり」といったことは、けっして言わないようにしてください。お母さんにそんなことを言われたら、子どもは自分の存在意義がわからなくなってしまいます。

**夫婦は他人同士ですが、子どもは両方とつながっているのです。**どんなにご主人が憎くても、子どもとは切り離さないといけません。女友だちなどには言っていいので、子どもにだけは言わないでください。

でも本当は、だれにも言わないほうがいいです。なぜなら、子どもは敏感に感じ取ってしまうこともあるからです。

とは言え、ストレスを溜め込んでしまうくらいなら、発散すればいいと思います。そのほうが、子どものためにも、夫婦関係のためにもいいでしょう。

また、けっして嘘をつく必要はありません。ご主人の嫌だと思っているところを、無理に「いい」と言う必要はないのです。「お父さんのああいうところは困るよね。

どうすればいいと思う?」と子どもに聞いてみるのもいいと思います。

また、働くお母さんの場合は、おばあちゃん・おじいちゃんが子育てを手伝ってくれる場合もあるでしょう。いろいろ悩ましいとは思いますが、祖父母は優しいだけの存在でいい、とわたしは考えています。

お母さんが厳しいから、おばあちゃんのところに行くとホッとする。おばあちゃん・おじいちゃんはいつもニコニコ笑って出迎えてくれる。子どもにとって、そういう存在であってほしいのです。だから、**子育てや勉強に関して、おばあちゃん・おじいちゃんが口出しするのはやめてもらいましょう。**いろいろな人からあれこれ言われて、子どもが混乱します。もし、祖父母・両親全員から厳しいことを言われたら、子どもはどうなるでしょう。

子どもが安心できるオアシスのような場所がなくなるのは心配です。

夫婦のことも、祖父母との関係も、すべて子どもはどう思うか、子どもにどんな影響を与えるか、という視点で考えてほしいと思います。

# きょうだいは、とにかく上の子に気を遣う

ふたり目の子どもができると、お母さんは、どうしても下の子に手がかかってしまいます。もうひとりで歩けるようになった子どもと、まだ生まれたてで何もできない子どもなのですから、それは仕方のないことです。

そして、そういう状態が、ずっと続いていくことになります。上の子は、どんどん成長するけれど、下の子は、まだまだ子ども。だから、やっぱり下の子のことばかり気にかけてしまいがちです。

そのうえ、まわりの大人も、小さな子どものほうを可愛がります。おじいちゃん・おばあちゃんや親戚のおじさん・おばさん、近所の人たちや、見知らぬ人まで、みんな下の子のほうばかり注目します。

だからこそ、お母さんは、みんなが目を向けない上の子のことを考えてあげなけれ

ばいけません。

きょうだいの上の子どもは、弟や妹ができた時点で、それまで独占していた親の愛情を奪われた、と感じます。でも、それをうまく伝えられず、苦しい思いをしている子どももたくさんいます。

下の子は、そんなお兄ちゃん・お姉ちゃんを見て育つので、たいてい要領が良くて、甘え上手になります。**より小さな子どもが甘えてきたら、大人はそちらに対応してしまうので、なおさら上の子はさみしい思いを抱えてしまいます。**

そして、かまってほしくて悪さをしたり、怒られてもいいからお母さんに振り向いてもらおうとしたりするようになります。

下の子は、放っておいてもだれかが可愛がってくれます。そもそも手がかかるのですから、ふつうにしていても、下の子にかける時間が長くなってしまうのです。

だからと言って、あからさまに上の子のほうを可愛がればいいわけではありません。そんなことをすると、下の子がどんどん甘えてきて、きょうだいゲンカの原因になります。

だから、下の子にはわからないようにして、上の子にだけ特別にする工夫をしてください。下がまだ赤ちゃんのときには、まだわからないので大丈夫ですが、少しわかるようになってきたら、気をつける必要があります。

たとえば、**下の子のいないところで抱きしめてあげる、下の子が眠ってから上の子の話を聞いてあげる。さり気なく上の子にだけタッチするといったことでも、子どもはお母さんの愛情を感じられます。**

これは、けっして、えこひいきしているわけではありません。上の子のほうを愛しましょう、という話でもありません。愛情は同じはずです。ただ、**気のくばり方を上と下とでは変えたほうがいい、ということです。**

もし同性のきょうだいの場合は、さらに気をつけてあげないといけません。というのも、同性だと直接に比べることができてしまうので、知らず知らずのうちに、それが子どもにも伝わってしまうからです。

そもそも上の子は、それまで100%自分のものだった親を取られるのですから、その分をフォローしてあげないといけないのです。

# 小さな子どもにだって男女の差はある

わたしの子どもたちは娘と息子なのでよくわかるのですが、小さな子どもにも、もちろん男女の差はあります。

一般的に、男の子のほうが神経質でプライドが高いです。これは、どんなに小さくても、そうです。やっぱり男なんだな、と思ってしまいます。対して女の子は、図太いというか、物怖じしない子が多いように思います。

脳科学の研究でも、男女では好きなものが違うことがわかっています。性格よりも前に、脳の仕組みとしてそうなっているのです。でも、だからと言って、男の子にはプラモデルだけ、女の子にはお人形だけを与えるのもよくありません。

たしかに男女差はありますが、それを前提にして決めつけないでください。男の子にも女の子にも、同じものを与えてみないと、実際にその子がどういう反応をするかはわからないからです。

ただし、やっぱり反応は違うということは理解しておいてください。ここでも、押しつけはいけません。すべての男の子がブロックを好きなわけでもないし、女の子がみんな本好きなわけでもありません。

お母さんは女なので、女の子のことはたいてい理解できるでしょう。でも、男の子については理解不能なこともたくさんあると思います。自分に男のきょうだいがいなかったら、まさに未知の生き物、という感じかもしれません。

そういうときには、お父さんが子育てに積極的に参加してくれるといいですね。

あるお母さんは、自分が虫は嫌いだからという理由で、子どもたちに虫の本なんて見せてあげたことはなかった、と話していました。でも、その人のお子さんは、男の子3人だったのです。彼らは、虫が大好き。虫の本を見せてあげたら夢中になります。

このお母さんのように、どうしても自分自身の考えに限定したものしか与えない、行動しない状況になります。だから、男の子がいる場合には、なるべくお父さんの意見も聞くようにしてください。

じゃあ、女の子は自分と同じでいいかというと、それでは狭い世界になってしまいます。

とくに同性同士だと、自分が好きだったものを与えがちです（お父さん↓息子、お母さん↓娘）。子どもがそれを好きになってくれたらいいですが、必ずしも自分と同じものに興味をもつわけではありません。興味を示さなかったら、別のものを与えてみましょう。

そして、やっぱり無理強いはしないこと。おもちゃや本であれば、とりあえず家の中に置いておけばいいと思います。そして、ときどき「これはどう？」と聞いてみましょう（これも、モンテッソーリ教育で行われているやり方です）。

**子どもは、人がやっているのを見ると興味を示したり、自分もやりたいと思うようになったりします。**本を読んでほしければ、お母さんが本を読む姿を見せましょう。ブロックで遊んでほしければ、お母さんが夢中になってみるのもいいですね。

# 夢中で遊びながら片づけなんてできません

子どもは絶対に散らかすので、すごくきれい好きなお母さんは、ヒステリックになりがちです。

子どもが夢中になって遊んでいると、どうしてもまわりは散らかってきます。なぜなら、目の前のことに集中しているからです。ままごとに集中していたり、プラモデルに集中していたり。だから、片づけるほうに意識が向かなくて、結果的に散らかしてしまうのです。

こういう時間は、子どもが集中している貴重な時間。とても効果的な英才教育でもあるのです。

お母さんがキーッとなって「片づけなさい！」なんて言ってしまうと、せっかくの集中している時間を邪魔してしまうことになります。片づけは遊びが終わってからにしましょう。

最近、片づけのプロと呼ばれる方が増えていますよね。そんな方のおひとりに、子どもが散らかすことについて聞いてみたことがあります。そうしたら、「子どもに関してはあきらめる」とはっきりおっしゃっていました。

**子どもは散らかすもの、仕方ないのです。**

わたしの息子も電車のおもちゃが大好きで、場所もとるし、掃除もできなくて困ったこともありましたが、息子が集中して遊んでいる間は黙って待つようにしていました。

ただし、食事のあとに食器を片づけるとか、学校から帰ってきたらランドセルを片づける、または勉強机をきれいにするといったことは別の問題です。こちらは、習慣としてきちんと身につけるようにしましょう。

片づけを教えるなら、どんな場面でも絶対に片づけさせないといけない、というふうに考えるお母さんが多いのですが、「極端はダメ」なのです。

もうひとつ大事なこととして、**小さい子どものものだからといって、勝手に片**

## づけないようにしてください。

組み立てるようなものは、数日かけて大作を作っている場合もあります。そのようなものに関しては、一日終わったらすべてを壊して片づけるのではなく、散らかったものだけを片づけ、製作途中のものはとっておいてあげてください。

お母さんにはそれが何なのかさっぱりわからなくても、子どもの頭の中では「作品」になっているかもしれません。それを片づけてしまったら、せっかくの想像力や創作意欲をつぶしてしまいます。

子どもにも子どもなりの考えがあり、勝手に動かされると嫌な気持ちになるものだからです。ましてや、勝手におもちゃを捨てたりしたら、もう大変です。

実はわたしも、娘の「シルバニアファミリー」を、全然遊ばなくなったから人にあげてしまったところ、ものすごく怒られたことがあります。遊ばないけど大事にしていたのに……と、いまでもたまに言われます。

最近では「断捨離」が流行っていて、何でもかんでも捨てる人もいますが、子どものものは、けっして勝手には捨てないでください。なかには、「なんでそんなもののまで取っておくの？」ということも、たしかにあります。ちゃんと子どもに聞くことが大事なのです。

ものすごく大切にしているものを勝手に捨ててしまったら、子どもはかなりショックを受けてしまうので、ご注意ください。

# ルールを破ったときがしっかり話し合うチャンス

とあるお母さんから聞いた話です。

ある日、夕食の支度で天ぷらを揚げながら、「もうごはんだからテレビは終わり」と言って、リモコンでテレビを消したそうです。すると、5歳の息子が台所までやってきて、キックとパンチをくり出してきたといいます。

天ぷらを揚げているところに、です。危ないですよね。

怒ったお母さんは、ものすごい形相でテレビに近づき、プラグをぶちっと引き抜きました。子どもは、そんなお母さんの様子にびっくりして、固まってしまったそうです。お母さんは、そのままテレビはないものとして、何日も一切点けないでおいたそうです。

とくに料理をしているときは、蹴ったり叩いたりすることは、ケガや火事などの大惨事につながる大変危険な行為であることを多少子どもがビビるくらい強く教えればいいと思います。

問題は、このあと。子どもはあまりの恐怖（！）にテレビを見たいとも言わなかったのに、お母さんのほうが「かわいそうだから、そろそろテレビを点けてあげようかな」と言っていたのです。それでは、せっかくの鬼の形相も、子どもをビビらせたことも、すべてが台無しです。

ゲームを隠したり、スマホを取り上げたりしたときも、しばらくすると「子どもがかわいそうだと思って」と、ゲームやスマホを返してあげるお母さんが多いです。でも、「かわいそう」と思う必要はありません。

そうではなくて、**悪いことをしたとき、ルールを破ったときは、子どもと交渉するチャンスだと考えましょう。**

人を蹴ったり叩いたりしない、それは非常に危険な行為だと、いまこそ子どもに認識させるチャンスです。テレビを見るのは決められた時間だけ、そのルールも子どもとしっかり話し合い、今後は必ず守るようにさせるチャンスなのです。

そういうことをきちんと親子で話し合うには、子どもが反省したり後悔したりしているときが、いちばん効果的です。そうでないと、子どもは聞いていません。子どもに話をするのはタイミングが重要です。何か問題があったときは最高のタイミングなのです。

もちろん、そうやって決めたルールを子どもが破ったときには、絶対にあやふやにしてはいけません。「まあ、いいか」は絶対にダメ。軸がブレてはいけません。一度そういう態度を見せたら、子どもは二度とルールを守ってくれなくなります。

それに、ちゃんと話し合って決めたルールなら、「かわいそう」と思う必要もないはずです。

規則やルールを守ることとは、社会で生きていくために必要な姿勢です。**もし子どもがルールを守れないなら、それはお母さんが守れていないからかもしれません。**そして、お母さんが守れないなら、そのルールには意味がありません。

# お母さんの本音をもっと子どもに伝えてみよう

ゲームやスマホのルール、友だちとの付き合い方、それに勉強のルールなど、家庭にはいろいろな決まり事があるでしょう。どんなルールでも、それを子どもに守ってほしいのなら、まずはお母さんも実践しなくてはいけません。

それだけでなく、なぜ守らなければいけないのかをちゃんと伝えることも重要です。そのことを忘れているお母さんは、結構多いように思います。

ただ「ルールだから」と言われて、子どもが素直に聞くでしょうか？　あなた自身が子どもだったときのことを考えればわかるように、納得いきませんよね。大人だって、簡単には聞きたくないと思ってしまう場合もあります。

もし、ちゃんとした理由を説明できないのであれば、「ルールだから」と言うのではなく、「お母さんがこう思うから」と言ったほうがいいです。「なぜ門限を守らなきゃいけないの？」と言われたら、「お母さんが心配だから」でいいのではないでしょうか。それが本音のはずです。

また、「どうして○○しちゃいけないの？」と聞かれても、お母さんの考えを説明すればいいと思います。「そういうものだから」とか「世間が……」といったきれい事で済ませようとするよりも、**お母さん本位の意見を言ったほうが、子どもの心には届きます。**

子どもとの関係をちゃんと大切にしていれば、子どもは「お母さんの嫌がることはしないでおこう」と思ってくれるはずなのです。

子育てに悩んでいるお母さんのなかには、子どもには自分本位の思いを伝えてはいけないと思っている人も多いのですが、そういう人にかぎって、子どもを叱るときは「こうしなさい」「あれはダメ」と言っています。それこそ、自分本位ですし、いちばんしてはいけない「支配」です。

そういう人は、自分本位になる場所を間違っているのです。

それ以前の問題として、あなたが思っている以上に、親の思いは子どもに伝わっていません。子どもを大切に思っていることすら、伝わっていないこともあります。

人は、一度こうだと思い込んだことは、なかなか払拭できません。あなたが何も言っていなくても、まわりの態度から「自分は親に好かれていない」とか「きょうだいのほうがチヤホヤされている」と思ったら、子どもは大人になってからもずっとそう思い続けます。

わたしと娘はとても仲が良くて、しょっちゅうふたりで買い物や旅行にも行っているのですが、それでも、娘の留学先でわたしが「I'm proud of her（わたしは彼女を誇りに思っている）」と言ったときには、本気で驚かれました。

「本当にそう思ってる？」と聞いてきた娘に、わたしのほうが「どう思っていると思ってたのっ!?」という感じで、正直なところショックでした。

それくらい、親の思いは子どもには伝わっていません。だから、ときにはお母さんの本音を言ってみるのも大切だと思います。

# 本当に聞いてほしいことはタイミングを見て静かに言う

親の思いが、子どもには全然伝わっていなかった……ということは、残念ですが、よくあることです。だから、子どもが見ている世界と、親が見ている世界は違うということを、意識して思い出すようにすることが大切です。

「子どもだったら、どう思うかしら？」というふうに考えるのです。

先日、ある会社の社長さんが、もう35歳になる息子さんに「親父はいつも怒っている」と言われるんだと、残念そうに話していました。ご本人に言わせると「褒めている」そうなのですが、息子さんはそう受け取っていないのです。

お母さんのなかにも、子どもに言いっぱなしで、あとで振り返らない人が多いのではないでしょうか？　自分が口に出した言葉を、振り返ってみることが大切です。

そのときに「自分が子どもならどう感じるだろうか？」と考えれば、子どもの視点を考えるくせがついてきます。それが、子どもを理解し、子どもにちゃんと伝わる言い方や表現を工夫するベースになります。

何より重要なのは、言うタイミングです。あまりタイミングを考えず、気がついたときに、すぐに言ってしまうお母さんが多いのですが、そうではなくて、**子どもが受け入れられるタイミングを見計らって言うようにしましょう。**

人間は、前もって言われてもわかりません。「危ないから気をつけなさい」と言われても、やっぱり転んでしまうのが人間です。転んだときに言われないとわからない、ということでもあります。

つまり、転んだときこそ「言うべきタイミング」ですし、子どもに聞く準備ができたタイミングでもあります。「こういう場所は危ないから、次からは気をつけようね」と言えば、子どもは文字どおり体で覚えます。

好きな人に告白するときや上司に進言するときも、タイミングが大切ですよね。大事なことを言うときや、言いにくいことを話すときには、相手の様子を見て、タイミングを図るはずです。それと同じことです。

「いちばん効果的なタイミング」を待つことが大切なのです。

子どもなんだから、そんなこと気にしなくていいと思っている人もいるかもしれませんが、それは逆です。**子どもは、他のことに夢中になっているときに何を言われても、まったく耳に入っていません。**

だから、本当に聞かせたいことを言うときは、ガンガンと言うよりも、静かに言ったほうがいいのです。ガミガミと声高に怒って言われたら、ただこの時間が早く過ぎ去ってほしいと思うだけで、子どもは何も聞いていません。

本当に聞いてほしいことほど、静かに言うべきです。そうすれば、子どもも聞いてくれます。もちろん、夫婦でも同じだと思います。

静かに言うためには、子どもが落ち着いて聞く態勢になっていないといけません。だから、子どもをよく見て、タイミングを見極めるのです。**親が、言いたいことを言いたいときに垂れ流ししていては、子どもは結局何も聞いていないことになります。**

# 子どもが理解できるような言い方を探る

子どもを叱るときや注意するときに、「これでいいのかな?」と思っているお母さんは、実は多いのではないでしょうか。「こんな言い方でいいのかな?」「子どもにこんなことを言っていいのかな?」と迷っているのです。

そういう人は、ぜひ、ぐっと引く勇気をもってください。一度引いてみて、様子を見てみることも必要です。

でも、子どもに結果が出るのは時間がかかります。子どもがまだ小さければ、まあまあすぐに結果が出ますが、大きくなればなるほど時間がかかることもあります。お母さんがすぐにあきらめてしまわないことが肝心。そこは、親の我慢が必要とされているのです。

そして、**叱ったり注意したりするときには、子どもに「抜け道」や「逃げ**

**道」を用意してあげましょう。**１００パーセントすべてを言い切らない、ということです。扉を閉ざしてしまうような言い方や、決定的な表現はしないでください。

「子どもに反論させせちゃいけない」と思っているお母さんも多いのですが、むしろその考えは反対です。何も言えないと、子どもは追いつめられて、何も話してくれなくなってしまいます。だから、子どもが反論できる余地を残しておいてください。

なかには、子どもを言い負かそうとしているんじゃないか、というくらいに理詰めで話すお母さんが（お父さんも）います。でも、理屈を一気に伝えても、子どもは理解しきれません。だから、考える時間も必要です。

もっと子どもに余裕を持たせてあげてほしいのです。

子どもの様子をちゃんと見て、冷静になって、「これ以上言ったらよくないかな」という判断をするように心がけましょう。

子どもというのは、言われてもすぐにはできません。あなただってそうだったはずです。でも、それを忘れてしまっている親が多いのです。何にせよ、絶対にいまできないといけないわけじゃありません。

また、人によって理解できるポイントは違うので、あなたと同じように子どもが理解するとは限りません。だから、「わかっていないみたいだから、別の言い方をしてみよう」と考えてください。

「何度も同じことを言わせないの！」と言わないように。

**本当に伝えようと思ったら、声を荒らげたり、怒鳴ったり、ましてや威嚇したりしてはいけません。**そんなとき、子どもは話を聞く態勢になっているでしょうか？　萎縮したり、ただ終わるのを待っていたりするだけです。

なかには、大人同士では絶対に言わないような言い方を子どもにするお母さんがいます。

もし、どうしても腹が立って仕方ない、自分では怒りを抑えられないなら、まずはその対処を考えるべきだと思います。そうしないと、お母さんも子どもも、負のスパイラルにはまって抜け出せなくなってしまいます。

# 4章

# 未来をつかむ、子どもの自信のはぐくみ方

# チャレンジする気持ちが自信につながる

「自信」とは、何でしょうか?

わたしは、**「挑戦していこうという気持ちがあること」**じゃないかと思っています。「無理だから」「どうせダメだし」と否定するのではなく、「どうにかがんばってみれば、なんとかなるんじゃないか」という気持ちで、何にでも果敢に取り組んでいく姿勢です。

自分に自信のない子は、何でもすぐにあきらめてしまいます。勉強でも、すぐに「わからない」と言って投げてしまうのです。

それは、自分の可能性を狭めていることです。だから、勉強を教えるにも、まずはその気持ちをなくさせることから始めなくてはいけないのですが、大きくなってからだと、とても難しいことです。

でも、子どもにとっては、どんなことであってもやり遂げられたら、ものすごく自信になります。ひとつできたら、すべてのレベルが上がっていき、さらにやろうという気になっていきます。

それなのに、自分で「無理」と言って取り組むこと自体を否定するのは、能力ではなく、精神的なものです。だから、もったいないのです。

お母さんのなかには、すぐにDNAや遺伝のせいにして、「自分の子どもだから、できないのは仕方ない」と言う人もいます。でも本当に、子どもの能力を100%伸ばせているでしょうか？

ひょっとすると、「80%くらいでいい」と思っている人もいるかもしれません。でも、80%の努力を積み重ねていくと、実は、限りなくゼロに近づいてしまいます。

0・8×0・8×0・8×0・8×0・8……と、80%を5回かけただけで、もう0・3くらいになってしまうのです。

反対に、ほんの少しでも100%（と思うところ）を超えられれば、可能性は無限大に増えていきます。同じように1・1を5回かけると、なんと1・6以上になっています。

勉強も同じです。８割の勉強や理解を積み重ねると、実は、どんどん下がっていってしまうのです。それが何年にもわたったら、結果に大きな違いが出てくることが、これでわかるのではないでしょうか？

**自信がないと、勉強をする気になれません。**でも反対に、勉強をがんばって積み重ねていければ、いつも成功することはできなくても、小さな成功を少しずつ積み重ねていけるはずです。それが、子どもの自信を形作っていくのです。

子どもが、一気に伸びる瞬間があります。それは「才能が開花した」というよりも、**それまで積み重ねてきた小さな成功と、そこから芽生えていた小さな自信が、大きな結果へと変わったからなのだ**と思います。そしてそれは小さな自信から大きな自信へと変わっていくときでもあります。

子どもの可能性を伸ばすのは、親の役目です。どんなことにでもチャレンジできる自信を、ぜひ子どもたちにもたせてあげてください。

# 自信のある親子が世の中を明るくする？

小さなころから自信のある子、と聞くと、ちょっと生意気な子どもを想像するかもしれません。実際、なかには「小憎たらしい！」と思うような子どももいますが、そういう子どもの多くは、大人になって成功しているものです。

自信があると、何でもやってみようという気持ちになるので、どんどん挑戦して、どんどん成功していけるからです。自信のない子は、自分から何かやろうとしません。

勉強に関しては、自信をもってテストに臨むのと、まったく自信がないままでテストを受けるのとでは、結果がまったく違ってきます。自分はできると思って勉強するのと、できないと思って勉強するのとでは、習熟度もまったく違います。

また、自信のない子どもは、わからない問題があっても、恥ずかしがって言えません。だから、結局「無理」となってしまうのです。

人に教えてもらったり助けてもらったりするには、ある程度、自分からアピールすることが必要になります。自分に自信がなくてアピールできなければ、教えてもらうこともできません。

自信があれば、何か困ったことがあるときにも、まわりに助けを求められる人になります。仕事など、やり方がわからないことが毎日のように出てくる社会では、それはすごく重要です。

「わたしは自分に自信をもって生きている！」という人はあんまりいないでしょうが、最低レベルの自信すらないと、そもそも家から外に出て行けません。「自分の話なんてだれも聞いていない」と思っていたら、人とも付き合えなくなります。

自信があると、「やってみよう」という気持ちになり、好奇心が芽生えます。自信がないと、「やってみよう」という気になれずに、好奇心も生まれません。そうなると人生を楽しめず、そんな子どもを見て、親も楽しいはずがありません。

自信があり、好奇心旺盛な子どもを見ていると、親にとっても刺激になり、親の人生も楽しくなります。それに、自信をもって何でも自分で進んでやってくれる子になれば、親はとてもラクになります。

**わたしは、「いかに子どもを楽しませるか」ということをずっと考えてきました。**どうやったら子どもが笑ってくれるか、どうすれば子どもが人生を楽しめるか。それが、わたしの子育ての本当の目的でした。

そのなかで、「ラクに能力を伸ばせたら楽しいだろうな」と思うようになったことが、子育てや勉強法について考えるようになった原点なのです。

能率よく、効率よく。いかに人よりラクに勉強できるか。なぜなら、子どもには毎日を楽しんでほしいし、自分も子育てを楽しみたかったからです。**いつも笑って、充実した人生を送ってほしい。わたしも、そういう人生を送りたい。**

子どもを必死で育てたけれど、子どもが巣立ったら何も残っていなくて、「わたしの人生ってなんだったの？」というふうには、なってほしくありません。巣立っていった子どもからも刺激を受けて、自分の人生を楽しく、充実して過ごせるような関係を、子どもと築いていてほしいと思います。

すべての親子が仲良しだったら、世界はもっと平和になると思うのです。

# 話を聞くことが、いちばんの愛情表現になる

子どもが自分に自信をもつためには、何よりも「自己肯定感」が必要です。「自分には価値がある」「自分は必要とされている」「自分は愛されている」といった思いをもつことです。

そういう感情は、いちばん最初に、親が与えてあげないといけません。**子どもを愛していることを、ちゃんと表現してあげましょう。**

愛情表現には、スキンシップなどいろいろありますが、子どもがある程度の年齢になったら、**「話を聞いてあげること」**ではないかと、わたしは思っています。

それは、「ずっと見てあげる」ことであり、お母さんが受け身になって、子どもの話を受け止めてあげることでもあります。いまの子どもに、いちばん足りていないことではないか、と思うくらい、子どもの話を聞いていないお母さんが多いのです。

子どもは、基本的には話をしたいと思っています。それなのに、お母さんが話を聞いてくれないと、「自分には価値がないんだ」と思ってしまいます。

たとえば、あなたがすごく話したいことがあって、いろんな人に電話をかけたのに、みんなに「いま忙しいから」と言われたら、ものすごくショックですよね？

あなたは、子どもにそういう態度を取っていないでしょうか？

たしかにお母さんは忙しいので、なかなか子どもの話をじっくり聞いてあげられないかもしれません。でも、本当に忙しいときでも、ちゃんと子どもの目を見て「いま忙しいからね」と言ってください。

そして、「あとでね」とか「週末にね」とか約束をしてあげましょう（もちろん、守れる約束じゃないと意味がありません）。

子どもだって、目の前で扉を閉められたら、もう行きたくなくなります。そして、だんだん話さなくなります。せっかく話しても、お母さんからは小言しか返ってこないと、余計に話さないようになってしまいます。

「子どもだから傷つかないだろう」と思っている人もいるかもしれませんが、それはむしろ反対です。子どもには〝大人の事情〟なんてわからないので、すべて自分が悪い、自分のせいだと思ってしまうのです。

「お母さんは、僕の話に興味がないんだ」「お母さんは、わたしのことなんて聞きたくないんだ」と。

もちろん、子どもにだって話したくないときはあります。でも、**子どもが話したいときには、いつでもお母さんは聞いてあげるよ、そして受け止めてあげるよ、という姿勢を見せておくことが大切です。**

そうすれば、子どもはお母さんに愛されていることを実感し、自分に自信をもてるようになるでしょう。

愛情とは、押しつけるものではありません。押しつけると、逃げてしまいます。いつでもここにいるよ、という姿勢で待っていてあげてください。

# いい姿勢は自信をはぐくむ近道に

第1章で紹介した睡眠不足と同じように、最近、姿勢の悪い子どもが多いような気がします。

理由のひとつとして、学校での指導をあまりしなくなったことがあるようです。体罰などの問題で、先生が厳しく言うことはできなくなっているのです。正座をしなくなっていることも関係しているでしょう。

つまり、ふつうにしていると姿勢が悪くなる、と思ったほうがいいくらいなのです。だから、お母さんが意識して直してあげないといけません。

そのせいなのか、勉強していて肩こりになった、と言う子どもがいます。まだ小学生です。中学生や高校生になると、さらにその数は増えていきます。

そこで、わたしがお世話になっている「姿勢クリエイター」の花岡正敬さんに、悪い姿勢による影響について教えてもらいました（花岡さんは、リオ・パラリンピック日本代表のトレーナーでもある柔道整復師、理学療法士です）。

勉強しているときは、ずっと同じ姿勢が続くので、そもそも体への負担がかかっています。背中を丸めたり、肘をついたり、足を組んだりするのも、体に変なくせをつけますし、鉛筆をもっている利き手のほうに体が傾いていくこともあるそうです。

悪い姿勢を長く続けると、頭の重みで血流が悪くなり、肩こりや腰痛といった体の痛みが出てきます。

それ以外にも、呼吸がしにくくなったり、内臓の働きが悪くなったり、自律神経系のバランスが崩れたりもするのだそうです。そうなると頭痛やめまい、吐き気がしたり、寝つきが悪くなったり、といった症状まで出てきてしまいます。

もちろん、悪い姿勢を続けることで、体型も崩れていきます。なかには、体がゆがんでしまって、自転車に乗ると左のほうに進んでしまう子どももいるそうです。

体の問題だけでなく、背中がまっすぐ伸びた姿勢のいい人は、やっぱり自信があるような印象を受けます。反対に、猫背で小さくなっているような人は、どうしても自信がないように見えます。

実際には違っている場合もあると思うのですが、そういうふうに見えると、そういう人だと思って接してしまいます。姿勢のいい人には、何となく尊敬のまなざしが向けられ、姿勢の悪い人は、見下すような視線を受けるのではないでしょうか。

**姿勢から、自信のなさを判断されているのです。**

背をまっすぐに伸ばす。それだけで、自分自身の内面からの自信も自然に出てきて、外からも自信があるように見えてきます。

そういうふうに、姿勢は体だけでなく心理面への影響も大きくなります。

そして、これは子どもだけでなく、お母さんにも気をつけてほしいことです。姿勢は自信にもつながります。

花岡さんから、姿勢のゆがみを直すための、勉強や仕事の合間にできるストレッチを教えてもらいました。ぜひ、子どもと一緒にお母さんもやってみてください。

# 勉強のあいまのストレッチ

## 猫背改善のストレッチ

❶

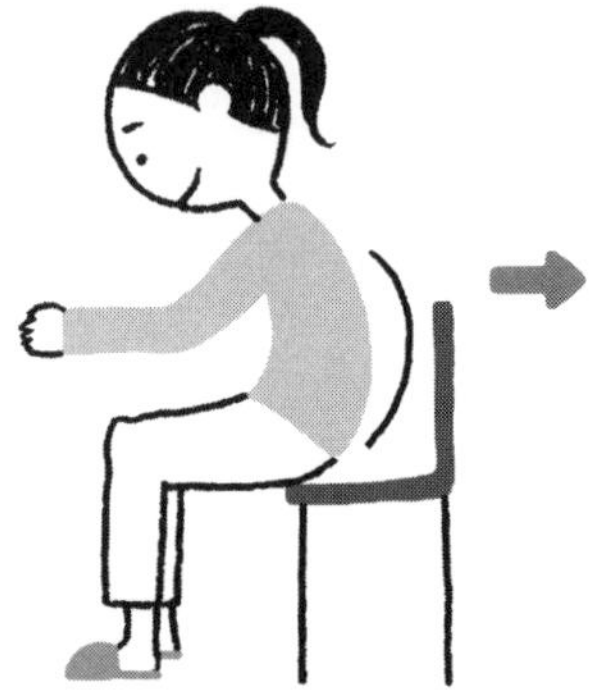

背中をまるめて
浅く座る。

❷

胸を開いて
2、3回呼吸する。

## 猫背改善のストレッチ

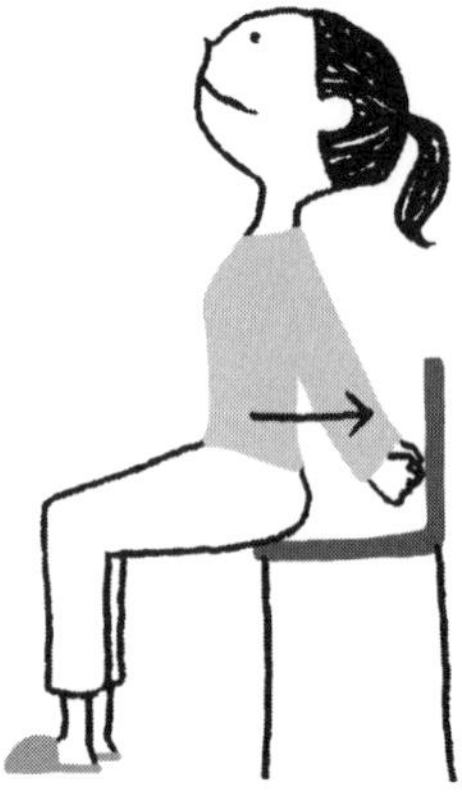

頭の後ろで手を
組んで胸を開く。

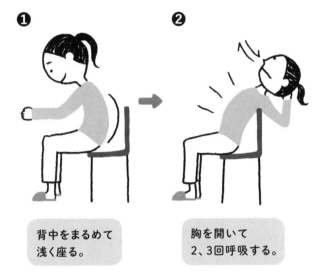

## 左右のゆがみ改善のストレッチ

片腕を上げて脇腹を
広げるようにしながら、
倒す。
（右利きの人は、右脇
が縮みがちなので右
腕を上げる）

## 姿勢維持のためのインナーマッスルトレーニング

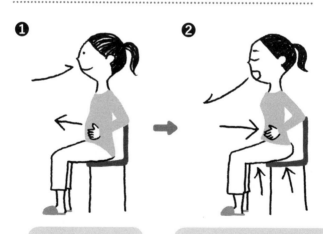

❶ 息を吸って
お腹をふくらませる。

❷ 頭を引き上げて息を吐き、お腹、
おしり、内ももをひっこめる。

# 自信が、生きていく力になる

「○○しなさい」と言われ続けることは、言われたとおりのことしかできなくなる子どもをつくる原因にもなります。ほんの少しでも応用力が必要な問題になると、途端にわからなくなるのです。なぜなら「自分で考える」ということが身についていないからです。

お母さんも、人が「いい」と言ったものをすぐに取り入れたり、だれかが成功したやり方を真似させたり、自分で深く考えない人が多いように思います。

だけど、**いまの子どもたちは、変化の大きな時代に生まれて、これからも、ますます変化する社会のなかで生きていきます。**昨日まで「最高」と思われていたものが、明日には「最悪」になっているかもしれません。

そんな時代に生きる子どもたちには、何も考えずに人から言われたことだけをするのではなく、いまは何がベストなのか、自分には何がいちばん合っているのか、それを見極める力を身につけさせる必要があります。

自分の頭で考えて、自分で選んでいく力がないと、変化の大きな時代のなかでは、どうすればいいかわかりません。自分で考える力というのは、このような時代を生きていくために欠かせない、人生の基礎となる力なのです。

さらに、これから人工知能（ＡＩ）が発展する社会で、自分で考える力がないと、新しいことを発想できず、活躍できる場所を見つけることができません。

新しい発想をするには、やっぱり自信が必要です。自信がないと、新しいことに挑戦できず、いろいろ試すことができないからです。

それは、「失敗を恐れない」ことでもあります。よく言われるように、失敗も勉強です。たとえ失敗したとしても、それは貴重な経験になります。自分には向かない、ということを知り、自分には何が合うかを見つけられるきっかけになるからです。

やってみないと、できるかできないか、合うか合わないかもわかりません。

だから、「やってみたけどできなかった」というのは、実は失敗ではありません。

やめてしまうから失敗なのであって、次に挑戦すればいいのです。やってみたことは何であれ、意味があります。そう考えると、失敗なんてないのです。

**失敗を恐れず新しいことにチャレンジし、自分の頭で考えられる子どもに育てることは、子どもの「生きる力」を育てることです。**それは、もし、いま自分（あなた＝母親）が死んでも、ひとりで生きていける子どもを育てる、ということでもあります。

何でもかんでも親がやってあげたり、すべてを決めたりすると、親がいないと生きていけない子どもを育てていることになります。でも、ほとんどの場合、親のほうが先に死ぬのですから、ちゃんとひとりで生きていける子どもに育てるべきです。

そして、ひとりで生きていくには、やっぱり自信が必要です。困ったときにだれかに助けを求めるのも、知らない外の世界に踏み出して行くのも、自信がないと簡単なことではありません。

親の思いとしては、何はなくとも、子どもが生きていけることが大切なはずです。そのための力を身につけさせる、というふうに考えて、子どもの「自分で考える力」

をはぐくみ、伸ばしていける子育てを心がけてください。

# けっして「支配」しない。でも、ちゃんと導いてあげる

子どもの将来のために、何をしてあげるのがいいか。子どもを伸ばすには、どうすればいいか——世のお母さんたちが迷って、悩んでいることは、よくわかっています。

こんな人に育ってほしい、将来こうなってほしいという思いはあっても、そのためにどうすればいいかわからなくて、自信がないのもわかります。思いとは裏腹に、間違ったことをやってしまっていても、だれも叱ってくれないのも事実です。

子育てに「正解」はありませんから、みんな手探りでやっていくしかありません。

でも、ひとつだけ、絶対にやってはいけないことがあります。それは、子どもを「支配」することです。

子どもにとっていちばんいい勉強法や塾を見つけてあげましょう、と言いましたが、それは「うちの子にはこれがいい」と、あなたが勝手に決めることではありません。

まして、それを子どもに押しつけることでもありません。

お母さんがいつも「○○ちゃんは絶対にこれが好きだと思う」と言い、素直にそれに従っていた女の子がいました。習い事も、進学する高校も、すべてお母さんの意見で決めていました。

でも結局、その高校（女子校でした）がどうしても合わなくて、優秀だったはずの子が、テストで20点とか10点しか取れなくなってしまいました。懇談会のとき学校の先生に「それはあなたの考えなの？」「お母さんの考えじゃないの？」「あなたはどう思っているの？」と聞かれて、はじめてお母さんの考えと自分の考えとは違うことに気づいたのです。

あなたは子どもに、自分が何をしたいのか、何が好きで、どういうところに進みたいのか、何も考えられない人に育ってほしいでしょうか？　そんなことはありませんよね。

**子どもに「考える力」を身につけさせるには、親が「支配」してはいけません。**

子どものためを思ってやっていることは、よくわかります。でも、すべてを親が決め、親の言うとおりにさせるのは、結局、子どもの将来のためにならないのです。

だからと言って、完全に子どもの判断だけに委ねることも、よくありません。なぜなら、子どもは「いま」しか考えられないからです。子どもに選ばせたら「いまやりたいこと」「いま楽しいこと」「楽なこと」を選びます。それに、子どもは持っている情報が少なく、世間のこともよく知りません。

**将来のことを考えて、子どもを「導く」ことが大切です。**

わたしは、自分の子どもたちの能力を最大限に伸ばして、いい大学に入ってほしいという願いをもっていましたが、それを押しつけたことはありません。

ただ、子どもが「将来あれをしたい」「こうなりたい」と言ったときに、「それじゃあ、英語ができないといけないね」というふうに情報を伝えて、夢を叶えるサポートをしてきました。

支配することと導くことは、似たように見えて、全然違います。**いちばん大事なのは、最後には子ども自身が選ぶことです。**そして、子どもが何を選ぼうと、親はその選択を尊重しなければいけません。

けっして、子どもが「親に支配されている」と思わないように、子どもの未来を作るために、子どもが最良の選択をできるように、うまく導いてあげるのです。それが親の務めです。

# 子どもに効く魔法の言葉「お母さんはこれが好き」

人は、選択肢が多いと選べません。これは実験で証明されていて、24種類のジャムが並んでいるときと、6種類のジャムしか並んでいないときでは、6種類のときのほうが10倍も売れたそうです。

大人でもそうなのですから、選択する基準が少ない子どもなら、なおさらです。しかも、子どもは「いま」のことしか考えられないので、将来のために選ぶ、というのは相当ハードルが高いことです。

だから、**親が選択肢を絞ったり、子どもが選択できるような枠組みを作ってあげたり、あるいは、別の選択肢を提示してあげたりする必要があります。**どこから考えればいいかのヒントを与えてあげるのです。

そのとき、親として「これを選んでほしい」というものがあれば、それを伝えるのは悪いことだとは思いません。直接的に伝えるのもひとつの方法ですが、自然に興味をもたせるように導いてあげるのが一番いいと思います。

ただし、言い方が重要です。「あなたにはこれがいい」は絶対にNG。それでは、親が子どもを支配していることになります。

「あなたのために」とか「あなたの将来を考えて」という言葉もよくありません。結局、そういう〝きれいな〟理由で「こうしなさい」という命令（支配）を誤魔化しているだけです。

それに、「あなたのために」なんて、恩着せがましいと思いませんか？

そうではなくて、ただ「お母さんはこれが好き」と伝えればいいと思います。「お母さんはピアノが好きだった」とか、「お母さんはこの教材が良かった」とか。

子どもは、お母さんが好きなことには興味を示すはずです。それは、お母さんを喜ばせたいのもあるでしょうが、純粋に好奇心をもちます。その好奇心が、子どものやる気を育てたり、能力を伸ばしたりすることにつながります。

もちろん、興味を持ってもらえないこともあるし、やってみたけれど、やっぱりやめたい、と言われることもあります。ただの気まぐれや怠けているだけならいけませんが、それが子どもの本心なら、ちゃんと受け入れてあげましょう。

**子ども自身が、自分が何を好きか、何が得意かを見つけられるようにすることが大切です。**それが、自分の頭で考え、選択することの第一歩になるからです。たとえすぐには見つけられなくても、それを「考える」ことが、何よりも重要なのです。

もうひとつ、言ってはいけないのが、「これをしてくれたら好き」という言い方です。これは、お母さんの愛情は条件つきなんだよ、と言っているようなものです。子どもは、そういう微妙なニュアンスを、ちゃんと受け取っています。

お母さんの愛情は、無条件なはずです。子どもが、あなたが願う選択肢を選んでくれなくても、それを尊重して受け入れてあげれば、子どもはその愛情を十分に感じることができるでしょう。

# 毎日の会話が子どもの未来を作っている

子どもの能力をのばすチャンスは、毎日のようにあります。毎日の会話、日々のちょっとしたおしゃべりが、すべて子どもの視野を広げるきっかけになるのです。

**大事なのは、空想させること。**それも、いろいろなものを空想させることです。ひとつだけでは、ひとつの選択肢しか見せていないことになるので、子どもに自分の頭で考えさせることにつながりません。

たとえば、家族で映画を観たときに、「映画の字幕スーパーってどうやって作るんだろうね」という話をすると、子どもは、そういう仕事があることを知ります。そこから英語や翻訳に興味をもつかもしれません。

家でテレビの刑事ドラマを観ながら、「警察ってすごいね」と言ってみれば、子どもは警察の仕事について、あれこれ空想することでしょう。あるいは、ドラマの俳優になって刑事役を演じることを空想するかもしれません。

英語に興味をもたせたいとか、警察官になってほしいとか、そういう願いがあって言うのではありません。子どもがそれについて自分で考えてくれればOKです。

わが家では、よくニュースを話題に親子で話していましたが、難しい話ではありません。わたしからは、「こんなことする人もいるんだね」「どんな気持ちなんだろうね」「何でこんなことしちゃったんだろう」などとつぶやいてみるだけです。

それだけでも、子どもが考えるきっかけになり、会話が広がっていくのです。

そういう日常の中で、子どもたちにいろいろと空想させ、またそれを話し合っていたおかげで、わたしは子どもたちの好きなものや好きなこと、将来の夢などを具体的に知ることができました。

**毎日の会話が、子どもの未来を形作っているのです。**だから、子どもが関心をもち、親子の会話が広がっていくことなら、何でもいいと思います。

とはいえ、無理に「そうしよう」と会話を誘導する必要もありません。堅苦しく考えず、日常会話から自然と、子どもの発想の幅が広がっていく、そのきっかけを与えるだけです。

たとえ、お母さんが言ったこと・つぶやいたことには返事がなくても、子どもは頭の中ではいろいろ考えているかもしれません。

基本的に、子どもは知らないことに興味をもちます。だから、あんなことがあるよ、こんなものもあるよ、と見せてあげるだけでいいのです。それによって子ども自身が自分の頭で考え、自分で選択できるようになります。

ふだんからたくさん会話をして、子どものことを深く理解していれば、たとえあなたの希望とは違う選択を子どもがしたとしても、素直に受け入れられるはずです。どうして子どもがそれを選んだのか、ちゃんと理解できるからです。

子どもが期待どおりの道を進んでくれなくて嘆いている親は、ただ、子どもとの会話が少なかったことが原因かもしれません。

# 両極端はダメ。子育ては「ほどほど」に

子育てでいちばん難しいのは、「どちらかに偏りすぎてはいけない」という点です。このことに気づいていないお母さんが、あまりにも多いと感じています。

たとえば、お母さんはもっと情報を集めるべきだと述べましたが、そう考えて、情報ばっかり集めているお母さんも、なかにはいます。子どもの勉強法の本を片っ端から読んだり、テレビやネットで「成功した人の勉強法」をやっていたら、すかさずチェックしたり。

でも、そうやって集めた情報をちゃんと生かせているかと言えば、そうでない場合が多いように思います。結局どうすればいいのかわからなくなったり、とりあえず全部やらせたあげく、子どものやる気をつぶしてしまったり。

かと思えば、子どもに中学受験をさせようとしているにもかかわらず、あまりにも

情報不足なお母さんもいます。年末くらいになって、あわててわたしのところに相談に来て、「そんなこと知らなかった」と驚くのですが、ほとんどの情報は、いまはネットで調べれば見つけられます。

もしかすると、「子どもにいちばん合った勉強法を見つけないといけないから」と思って、ありとあらゆる、すべての勉強法を子どもに試させようとする人もいるかもしれません（そんなことはしないでください）。

また、「子どもには規則正しい生活をさせましょう」と言うと、「じゃあ、早寝早起きですね！」と言うお母さんもいます。たしかに子どもが小さいうちは早寝早起きがいいのですが、中学生になると、そうでもなくなります。それは、子どもの体が成長して変化するからです。

それなのに「規則正しい生活がいいから！」という理由で、中高生になってからも無理やり早寝早起きをさせようとするのです。

いずれにしても、極端な方向に走ってしまうお母さんが多いということです。ひとつの方向に突っ走っていれば、他の方向のことを考えなくて済むので、楽だから、かもしれません。

でも、子育ては「ほどほど」が大事です。だから、子育ては難しいのだと思います。子どものためを思えばこそ、「もっといいものを」とか「完璧にやらないと」などというふうに思ってしまうかもしれませんが、そういうやり方では、結局、子どものためにはなりません。

「やりなさい」と言って押しつけてやらせるのではなく、子どもがみずから進んでやるようにすることが目的です。そのためには、ほどほどのところを見て、子どもが楽しく、どんどん伸びていくように手助けし、導いていくことが大切です。

**真面目なだけでもいけませんし、正しいことだけを言っていればいいわけでもありません。子育ては「ほどほど」に。難しいけれど、とても重要なことです。**

# 5章

# 子どもを伸ばす、お母さんの自信の育て方

# 「勉強しなさい」よりも子どもがいちばん嫌いな言葉

初めての本『12歳までに『勉強ぐせ』をつけるお母さんの習慣』で、わたしは「勉強しなさい」が、子どものやる気をつぶす最強の言葉だと書きました。

本を出したあと、ふだん勉強を教えている子どもたちに、「親に言われていちばん嫌な言葉は？」というアンケートを取ってみました。当然、「勉強しなさい」がダントツだと確信していたのですが……結果は違っていました。

「勉強しなさい」よりも、子どもたちが親に言われて嫌な言葉は、何だと思いますか？　実はわたし自身は、まったく想像もしていなかった言葉でした。

**それは「人と比べられること」。**

「お兄ちゃんはこんなにできるのに」「おとなりの〇〇ちゃんはあんなに勉強しているのに」「だれそれはこうなのに」……「それなのに、なんであなたはできないの？

もっとがんばりなさい」「あの子にできるなら、あなたにもできるはず」

こんなふうに人と比べられるのが、実は、子どもはいちばん嫌なのです。これは、見事に全員一致。男女問わず、学年問わず、すべての子どもが「人と比べられるのが嫌」と答えました。しかも、みんな即答でした。

この結果に驚いたのは、ほかでもないわたし自身です。というのも、わたしのなかには、そういう考えがまったくなかったので、「世のお母さんはそんなに子どもを比較しているの!?」という純粋な驚きがあったのです。

それで思い出したのが、ある男の子（5年生）の話です。その子は、なぜだか他の子を馬鹿にする言葉ばかり言っていました。でも、お母さんは、とても人の悪口を言うようなタイプではなく、どちらかというと、ほんわかとした穏やかな人です。

それなのに、どうして悪口ばかり言うようになってしまったのだろう?と、お母さんといろいろ話しているうちに、ご本人が気づいたのが「子どもの比較ばかりしていた」ということでした。

スポーツをさせていて、「○○ちゃんはこんなにできているのに」という話ばかりしていたそうです。だから男の子は、前もってお母さんに「あいつは俺よりできない」ということをアピールするために、他の子の悪口を言うのかもしれません。

そう気づいたとき、お母さんはこうつぶやきました。「あの子の性格は、わたしが作ったんだ……」

お母さんが比較ばかりしていると、子どもはつねに自分と友だちを比較し、「あいつは俺よりできる、こいつはできない」と言うようになります。そのせいで、人の悪口ばかり言う、性格の悪い子どもに育ってしまうかもしれません。

もちろん、人と競争することで伸びていく子どももいます。最近の塾では、毎週のように成績が発表されて、その成績順に席替えがあるところもあり、それが勉強のモチベーションになっている子どもも、実際にいます。

でも、親に言われるのは別問題。親が自分を、人と比べるのはやる気をつぶす最強の武器になります。

そして、あなた自身のことも、だれかと比較する必要はありません。あなたは、あなた。人と比べたりせず、自分らしく生きていきましょう。

# お母さんが変われば、子どもの未来が変わる

わたしがなぜ、子どもを他の子どもと比べることをしなかったのかと言えば、わたしの母親が、そういうことを一切しなかったからだと思います。

実は、母は結構スパルタだったのですが、人と比較することはけっしてありませんでした。だから、わたし自身も、子どもに対して人と比較するという発想がなかったのだと、いまになって感謝しています。

子どもを比較してしまうお母さんは、もしかすると、ご自分がそうやって育てられたのかもしれません。子育ては、どこかで習うわけではなく、だれもがゼロからのスタートです。だから、自然と自分の親の真似をしてしまいます。

もしあなたも、いつも人と比べられていたのだとしたら、それが嫌だったのではないでしょうか？　わたしが教えている子どもたちのように、即答で、「人と比べられ

るのが嫌」と答えていたのではないでしょうか？

だとしたら、それを自分の子どもにするのはやめましょう。子どもの嫌がる気持ちは、あなたがいちばん理解してあげられるはずです。

厳しい親や何もしてくれない親に育てられた人は、どうすればいい親子関係を築けるか、わからないかもしれません。でも、**「子どもを幸せにしたい！」という強い思いがあれば、できないことはありません。**

わたし自身も、どのように子どもを育てていけばいいか、まったくわかりませんでした。だから、本を読んだり人の話を聞いたりして、いろいろな子育て法を勉強しました。それでもどうしていいかわからず、モンテッソーリ教育に出合うまでは、よく子どもを怒っていました。

あなたがもし、親からいい子育てをしてもらえなかったとしても、そのマイナスの影響を自分の子どもに受け継がせることはありません。あなたが断ち切ればいいのです。それは子どものためだけでなく、あなたが幸せな老後を迎えるためにもなります。

親と同じことをしていては、あなたの子どもは、あなたと同じような人間に育ちます。

自分よりできる子になってほしい、自分ができなかったことをできるような人に育ってほしい、そして大きな幸せをつかんでほしい……そんな思いがあるのではないでしょうか。

自分の親のよいところは見習い、親にされて嫌だったこと、そのせいで勉強が嫌いになったと思うようなことは、すぐにやめましょう。

あなたのお子さんは必ず何かしらの能力を持っています。お母さんが広い視野とあたたかい大きな愛情をもって育て、その能力を伸ばしてあげてください。

# 子育てはあっという間。だからこそ、もっと先を見ましょう

子どもを、あなたを超える存在に育てるには、自分で考えて、自分で選び、決断し、自分でやっていくことを身につけさせる必要があります。あなたの考えで行動させていては、結局、あなたと同じところまでしか行けないからです。

言い換えると、**「親を超える考える力」を身につけさせる必要があるのです。**

そのためには何よりも、子どもを「支配」しないこと。そして、あなた自身が学んで、変わらなくてはいけません。子どもに自分を超えてほしいなら、あなたも「考える力」を身につけなければいけないのです。

人に勧められたからとか、本に書いてあったからとか、そういう理由だけで、子どもに押しつけるお母さんが本当に多いのですが、残念ながら子育てには正解がないので、「自分の子どもにとっては、どうするのがいいのか」を考えていくしかありませ

ん。

なぜ「お母さんの考える力」が必要なのかと言えば、それは、先を見るためです。**子どもを育てるということは、ひとりの人間を作り上げていくこと。**この先何十年も生きていくための土台を、いまあなたは作っているのです。

だから、子どもに対して言う言葉も、もっと考えてほしいと思っています。たしかに、子どもに腹の立つことは多いでしょう。でも、感情にまかせて怒鳴ったり命令したりすることは、子どもの将来にどんな影響を与えるでしょうか？

怒っているときにかぎらず、「いまこの言葉を言ったら、将来どうなるか？」ということを考えずに言っているお母さん（お父さんも）が多いように思います。いましか見ていないのです。

でも、先を見られるかどうかは、とても重要です。子育てはすぐに結果が出ることではないので、いつも先を気にしておかなければいけません。老後まで見据えるのであれば、本当に気長にやっていくしかないのです。

小さいうちに親から浴びせられた言葉は、ずっと子どもの中に残ります。だから、ちゃんと先を見て言葉を選ばないといけないのです。

子育てが永遠に続くように思っている人もいるかもしれませんが、たとえば子どもがいま10歳だとしても、あと8年もすれば高校を卒業して、大学進学のために家を出るかもしれません。大変な時期はあっという間です。

そうであれば、いまの一言や、今日のちょっとした出来事が、この先の子どもにどんな影響を与えることになるだろうか、ちょっと想像してみることはできるのではないでしょうか。

もちろん、その想像は当たらないかもしれませんし、何が起こるかわからないのも事実です。

でも、ちょっと先を見るくせをつけておくだけで、子どもに無用な悪影響を与えたり、想定外の問題につながったり、ということを少しでも減らせるはずです。それが、子どもにとっても、もちろんあなたにとっても、幸せに近づくための方法です。

# いつでも逆転できる親子関係を築いておく

わたしは、どうやったら子どもの能力が上がるだろうか、ラクして楽しく勉強ができる子を育てられるだろうか、という点をとことん追求して子育てをしてきました。そのおかげで、ふたりの子どもは自分から進んで勉強するようになり、それぞれ自分が行きたい大学に進んで、希望する会社に入ることもできました。

でも、その結果よりも、それ以上に、とても優しい子どもに育ってくれた、という思いを強くもっています。

どんなに頭のいい、勉強のできる人間になったとしても、親に冷たい人間になってほしいとは誰も思っていないはずです。小さいころから口うるさく「勉強しろ」「あしろ」「これはするな」などと言われてきた人は、年を取ると、親が言ってきた言葉をそのまま返します。もしくはだんだん親から離れていき、なるべく親に近づかないようになるかもしれません。

子どもにガミガミと口うるさく言っている人を見ると、自分が年を取って弱ったときのことを想像していないのかな、と思います。親子の縁は一生切れません。いまは親のほうが強くても、「老いては子に従え」と言うように、いつかは引かなければならないときが来ます。

そういう関係にうまくもっていけるように、いまのうちからしておくのです。いつ立場が逆転しても、ちゃんと助け合っていけるような親子関係を築いておくのです。そのひとつが、**子どもが何でも話せる環境づくりだと思います。**

自分ができないことは、子どもを頼ってみるのもいいと思います。わざとボケてみるのもいいかもしれません。ちょっとしたことを忘れたり、失敗したりしてみせるのです。残念ながら老いると本当にできないことも増えていきます。そうすると、子どもがしっかりしてくれます。

冗談のように聞こえるかもしれませんが、子どもを追い詰めないためにも、案外いい作戦だと思います。

親があまりにもしっかりしていると、子どもはすべて親任せにします。「子どもだから」と思って親が何もかもやってあげていると、社会に出た途端に、何もできない大人になってしまいます。

**自分のことは自分で責任をとる、それを教えることも親の役目ではないでしょうか。**

いつか子どもに教えてもらう立場になるのです。いきなりは無理でも、少しずつシフトしていけば、お母さんも子どもも自然と、新しい関係に移っていけるはずです。

# お母さんの自信も、まずは姿勢からでOK

お母さんから、「どうやったら自分に自信をもてるようになりますか？」と聞かれることがあるのですが、たとえば、姿勢を良くすることから始めてみてはどうでしょうか？

子どもの姿勢について書いたところでも述べたように、悪い姿勢は、体型のゆがみにつながるだけでなく、気持ちにも影響を与えます。

姿勢のいい人は、自信があるように見える、ということだけではなく、姿勢が悪いと呼吸や自律神経系にも影響が出るため、それが精神面にもつながるのではないかと思うのです。

だから、**お母さんも自信をつけるには、まずは姿勢を良くしましょう。**

簡単だし、すぐにできます。まずは下を向かないこと。凛としたイメージを描いて、歩幅もちょこちょことしたものではなく、元気よく歩きましょう。

そんなことでいいの？と思うかもしれませんが、自信って、意外と形から入ることで作られていくように思います。

それに、「脳はだまされやすい」と言われます。行動したら、脳はそれを信じるのです。だから、自信のある人のような行動をすれば、脳は、自分は自信があると思うようになります。

内面から変えようとするよりも、ずっと簡単にできるうえに、効果的です。ぜひ試してみてください。

ほかにも、いつも笑顔でいることも、自信につながると思います。

これも脳をうまくだます方法があって、とくに面白くなくても、口角をちょっと上げて笑い顔を作るのです。そうすると、**脳は「わたしは楽しいんだ」と思って、幸せを感じる脳内物質を分泌します。**実際鏡を見るたびニコッとすると、何回かするうちになんだか楽しそうと思えるから不思議です。

ぜひ試してみてください。

お母さんの笑顔は、子どもにもいい影響を与えます。お母さんがいつも仏頂面だと、子どもは、自分に不満があるのだと思ってしまいます。だから、お母さんの笑顔は子どもの自信をはぐくむことになるのです。

形からでは物足りないという人は、毎日「いいこと」をしてみる、というのはどうでしょうか？

と言っても、ボランティア活動など本格的にやる必要はありません。たとえば、ご近所の人に挨拶するだけでも、気分が良くなります。「わたし、いいことしているな」という思いが、自信にもなっていくと思います。

わたし自身、コーチングを学んでいたときに「毎日3つ、いいことをするように」と言われてやってみると、1か月で精神状態が大きく変わったのです。

まさに、情けは人のためならず。

自信というのは目に見えないものですし、何か具体的な根拠がないといけないわけでもありません。姿勢でも、笑顔でも、何でも、形から入って自信がつくのなら、ずっと自信のないままでいるよりも、いいと思いませんか？

# ママ友との関係が子どもの未来を暗くする

お母さんの友人関係は、子どもにも大きな影響を与えます。だから、そのことを考えて、ママ友付き合いについても見直してみてほしいと思います。足を引っ張るような人や迷惑をかけられるような人と、わざわざ付き合う必要はありません。

ひょっとすると、「子どものため」と思っているかもしれませんが、お母さんがいじわるだったら、子どももいじわるな可能性が高いです。そして、もしあなたがいじめられているとしたら、子どもも同じようにいじめられているかもしれません。

子どもは親をよく見ています。だから、お母さんが悪口を言っているのもよく聞いています。そして、相手の子どものことを「いじめていい相手」だと感じます。「だってママが言ってたもん」

**「子どものため」と言いつつ、結局、まったく子どものためになっていない**

**のです。**そうまでして、その人と付き合う必要があるのでしょうか？
そんな人ではなく、あなた自身が尊敬できる人と付き合いましょう。「こんな母親になりたい」「こんな女性になりたい」「あの家族は素敵だな」、そんなふうに思える人と付き合いましょう。

こういう話をすると、「子どものことは考えていたけれど、自分のことは考えたことがなかった」というお母さんもいます。でも、まずは自分のことを考えましょう。なぜなら、それが子どもの幸せにつながるからです。

お母さんの友人関係は、良くも悪くも子どもに影響します。子ども中心で人間関係を築いているお母さんが多いように思いますが、その逆になったっていいのです。

とくに働いていないお母さんは、どうしても視野が狭くなりがちです。ママ友との間での話しか見ていないのです。だから、比べるときも、そのなかでだけ比べて、それで喜んだり落ち込んだり、足の引っ張り合いをしたりします。

でも、子どもはその学区に一生いるのでしょうか。進学、就職と外に出ることを考えれば、近くにいる子だけをライバル視しても意味がありません。世界に羽ばたくなら、世界中の人たちを視野に入れなくてはなりません。

それなのに、親戚の子どもや近所の子ども、まして同じクラスの○○ちゃんと比べても仕方ありません。いまはそこで競っていたとしても、一生その子たちと戦うわけではないのです。そんな狭いところで比べても、子どもの能力を本当に伸ばすことにはなりません。

近所のスポーツクラブでの、お母さん同士のいざこざについて、オリンピックを目指していた人に話したことがあります。その人は、「え？　それって、その中だけでの話？　え、えっ⁉︎」という感じで、まったく意味がわからないという様子でした。

世界を目指している人は、見ている世界が違います。あなたの子どもは世界を目指さないとしても、少なくとも、いまの場所より広いところで戦ってほしいと願っているのではないでしょうか？

あなたの人間関係が、子どもの足を引っ張ることのないように。

# 好きなものがあれば、もっと自分が好きになる

お母さんが自信をもつためのヒントとして、「好きなものを見つける」ということも、ぜひ試してほしいです。

趣味でも、コレクションでも、何でもいいと思います。「わたしはこれが好き」というものをたくさん見つけたほうが、毎日が楽しくなります。

好きなものがあれば、それが「ほしい」「やりたい」、さらに「もっとほしい」「もっとやりたい」という気持ちが芽生えるので、そこに向けて一生懸命になります。それを実現するために、前を向けるようになるのです。

「わたしって自信があります」なんて人はいません（もしいたとしても、かえって感じ悪いから、そんな人にはなりたくないですよね）。

でも、**一生懸命になれる何かがある人は、そんな自分に自信をもてるように**

**なるのだと思います。**

また、そういう好きなことを通じて、新しい出会いがあったり、それまで接することのなかった世界とのつながりが生まれたりもします。好きなものが同じ人同士でつながることができれば、さらに人生が楽しくなるはずです。

それに、そういう場所で「すごいですね！」なんて言われたら、これは大きな自信になります。でも別に、本当にすごい必要なんてないと思います。

同じ好きなものをもつ人が、自分の知らないことをひとつ知っていたり、自分よりひとつ多く集めていたりすれば、それだけで「すごい」って言いたくなりますよね？あなたにも「すごい」と言われる場面は必ずあるはずです。

なんでもいいのです。でも、それをわかってもらうためには、同じ「好き」をもっている人ですし、知らない人よりよく理解している人に言われるほうが素直にうれしいと思います。

**自分に自信をもつために、収入とか仕事とか、体型とか容姿とか、はたまた夫とか子どもとか……そういうことは関係ありません。ちょっとしたことで**

## も「すごい」と言われたら、人は自信がついていきます。

そんな小さな自信の積み重ねが、大きな自信へとつながっていきます。

お母さんはどうしても子育てに追われるので、自分でも、自分が何を好きか気づいていない人が多いかもしれません。生活が忙しいと、忘れてしまいますよね。だから、あらためて考えてみることが大切です。書き出してみるのもいいと思います。

「わたしってこれが好きだったんだ」と気づいて、それを一生懸命にやっていたら、うれしくなったり楽しくなったりして、笑顔になります。人生が楽しくなるからです。

そのことだけでも、自信になっていきます。

また、お母さんが夢中になっていることに、子どもが興味をもつようになることもあります。そうすると、いろいろな会話ができるようになります。親子の関係が良くなり、子育ても楽しくなって、自信にあふれた明るい親子になれるでしょう。

# 子どもに依存することなく自分の人生を生きる

「好きなものを見つけてください」と言うと、「わたしは子育てが趣味です」「子どもが大好きです」と思うお母さんもいるかもしれません。

でも、そこに一生懸命になるのは、ちょっと待ってください。

もちろん、わたしも子育てには一生懸命でした。結構やったほうだと思います。だけど、「それだけ」ではダメなんです。「それだけ」になってしまうから、先が見えなくなり、冷静な判断に欠けることも出てきます。

わたしには、洋裁という趣味がありました。子育てをしているときも、心の中で「何でこんな忙しいときにするかな?」と思いながら、時間を見つけてはミシンに没頭していました。

子育ては24時間営業なうえ、年中無休ですから、知らないうちに子どもに「依存」

してしまっていることがあります。子どものことしか考えられなくなるのです。

そういう人は、子どもが大学などで家を出てからも、子どもの話ばかりしています。子どものこと以外に、楽しみが何もないようで「何で生きているかわからない」と言い出す人までいます。

あまりにも子どもの人生に入り込んでいると、こういう依存につながります。でも、いつか子どもは独り立ちします。

子どもだけに目が向いていると、自分がつらくなります。**子どもに「わたしを見捨てないで」と言う親がいるのです。**

子どもにとっても迷惑ですね。

お母さんは、子どもを「応援する」という立場です。だから、独り立ちすることを喜ばないといけないし、もう何もしてあげることがなくなったことを喜べるようにならないといけません。

子どもに対して、「あなたはあなたの人生を生きなさい」というくらい、ちょっと冷めた部分をもっているべきだと思います。

必要以上の依存は、子どもも不幸にします。お母さんが何でもかんでもやってあげていると、子どもも親に依存するからです。でも、ほとんどの場合、親のほうが先に死にます。精神的・経済的に自立できないと、子どもが不幸になるのです。

「子どもがいれば楽しいけれど」くらいにしておきましょう。

そんなに教育熱心なタイプではないと思っていても、長い年月一緒にいた子どもです。子どもが家を出たことで、やはり何かしら喪失感を味わいます。

子どもがいい大学に入ったことを、いつまでもうれしそうに話している人がいるのですが、わたしの経験から言うと、いくら子どもが東大に入っても、うれしいのは「一瞬」です。その後はまた日常の生活が繰り返されるだけです。

子育てが終わったら何をしようかと今から計画を立てるのも楽しいでしょう。また、子育てをしている最中も忙しいからと言い訳せず、時

間を見つけて、何かしておくと時間ができたときにスムーズに没頭できるでしょう。

**もっと外を見て、あなたの人生を楽しむことを考えましょう。**

# 何よりも子どもの愛をつかむもの

わたしは、子どもたちに楽しく、ラクに勉強できて、どんどん伸びていける方法を身につけさせたい！という一心で、子育てに打ち込んできました。モンテッソーリ教育だけでなく、いろいろな情報を取り入れて、子どもたちが自分の能力を存分に伸ばし、生きたい人生を歩める人間になれるよう導いてきました。

でも、そうやってがんばったおかげで、実は、子どもたちが中学生・高校生のときには、もう何もやることがなくなっていました。勉強する方法を教え、自分からすすんでやる子どもに育てたからです。

だから、あとは掃除と洗濯と料理しかすることがありませんでした。つまらなかったと言えば、そのとおりです。でも、それで良かったとも思っています。子どもたちが自分で勉強してくれるおかげで、わたしは安心して他のことができました。

あるお母さんは、「子どもにおいしい料理を食べさせることだけが生きがいだった」と言っていました。そのせいで子どもがいなくなってからは、少しさみしい思いもしていましたが、そんなお母さんに育てられた子どもは、幸せだと思います。

お母さんの料理は、とても大切です。**子どもがお母さんの愛情を、シンプルに、だけどストレートに感じられるのが、料理です。**

お母さんが子育てに熱心で、子どもに毎日のように習い事をさせていた家庭があります。お母さんは仕事もしていて、しかも時間が遅い仕事だったのですが、習い事の送り迎えだけはがんばってやっていました。

子どものために……という一心だったことはわかります。でも、その男の子は中学生になって、何もやらなくなってしまいました。小さいころから習い事に追われすぎて、プツンと糸が切れてしまったのです。

その子が、お母さんへの思いを、わたしに話してくれたことがあります。「あんなに習い事をさせるくらいなら、ちゃんとご飯を作ってほしかった」と。

「無い物ねだりですかね」。そう言われて、わたしは言葉を失いました。

ぜひ、あなたの子どもにはおいしい料理を食べさせてください。**「勉強しなさい」と言う前に、おいしい料理を作ってあげてください。**

料理が苦手な人や、お仕事をしている人には、大変だと思います。だったら、毎日毎食でなくてもいいです。週末だけとか、遠足のときのお弁当だけはがんばるとか、すべてを完璧にする必要はありません。

買ってきたものを出すことだってあるでしょう。でも、なるべく器は移し替えて、カップスープを添えたり、プチトマトを1個のせてみたり。そういうちょっとしたことに、子どもはお母さんの愛情を感じ取っているのです。

子どもは、お母さんへの感謝の気持ちを、なかなか表現してくれません。でも食事は、子どものお母さんへの思いのなかで、大きな部分を占めています。それに、お母さんの料理の記憶は一生ものです。

あなたの子どもへの愛情を伝えるためにも、あなたへの愛情を大きくはぐくんでもらうためにも、「勉強しなさい」の前に愛情いっぱいの料理を、ぜひ。

# おわりに

受験シーズンが終わるころ、家庭ごとに明と暗がくっきりと出てしまうのは、仕方がないことです。

子どもが努力して勉強した結果、合格すれば、それは家族全員の喜びであり、人生が開けたような気分になるでしょう。将来を約束された気分になるかもしれません。片や、時間やお金を費やしたにもかかわらず不合格になってしまった場合は、がっくりと肩を落とし、家族全員が暗い気持ちになるはずです。

しかし、子どもの長い人生を考えると、必ずしも悪いことではありません。

中学受験をして合格した場合、6年間同じ学校に通うことになります。自動的に高校に進学できるので、どうしても中だるみしてしまう生徒が出てくるのです。

他の学校の生徒も中学2年生まではたいした差はないのですが、公立学校などでは、中学3年生になると高校受験をしなくてはいけません。学年全体で受験モードになっていくので、自然に将来を考えるようになり、勉強をしなくてはいけないという態勢に入っていきます。

中高一貫校の学生が「いつから大学受験を意識し、勉強のスイッチを入れればいいかわからない」と話しているのを聞いたこともあります。

中学受験をせずに高校を受験すれば、ここまでサボらなかっただろうと思う生徒もいます。しかし、たとえその子が中学受験をしないで、中高一貫校に行かなかったら、怠けなかったか?と問われたら、それもどうなるかわからないというのが本当のところです。

いずれにせよ、一瞬それが幸せであるように見えても、長い目で見てみると、むしろ反対方向に行くきっかけになるかもしれません。

一見失敗したように見えることでも、それを糧に、そこからどんどん成長していき大成功を収めるということもあります。もしその失敗がなかったらその成功はなかっただろうという話もよく聞きます。

つまり成功や失敗という出来事は、人生においては瞬間であり、明日からずっと続く将来を決めることにはなりません。

人生はどこでどうなるか、誰にもわかりません。となれば、どんなことがあっても、自信をもって前向きに歩いていくこと。挫折したり壁にぶつかったときにいかにどう超えるか、その失敗をどう糧にして生きていくかが、一番大切なことなのではないでしょうか。

子育てはまさに今だけを見るのではなく、長い目で見られるかどうかではないかと思っています。

子育てをしていると、いろいろなことがありますよね。なぜこんなことをしてしまったのだろうと後悔することもあるでしょう。しかし、反省しても後悔するのではなく、次はどうすればいいのか、どうしようかと前向きに考えていってください。

どんな人の人生にも波はあります。晴れるときもあれば雨が降るときもある。嵐になるときもあります。

この本を読んでくださったあなたのお子さんが自分への自信と、柔軟な考え、臨機応変に対応できる行動力をもち、どんなことに直面しても乗り越えられる精神力をもった人になってもらいたいと心から願っています。

２０１７年12月

楠本佳子

**楠本佳子**（くすもと・よしこ）

「こどもみらい塾（岡山）」塾長。岡山県在住。

広島大学附属福山高等学校、東京理科大学薬学部卒業後、研究所に勤務。家庭教師15年、塾講師5年ものキャリアをもつ。東大生と早大生を育てた自身の経験と塾や家庭教師で幼稚園児から高校生まで教えた経験、さらにはモンテッソーリ教育、コーチング、心理学、脳科学の成果をまとめた独自の指導法をもとに、未就学児や小学校低学年、さらに高校生の保護者に子どもの生活、しつけ、健康、学習、受験、塾の選び方、進路にいたるまで個別相談を受けている。また、子どもには成績を上げる学習方法のアドバイスを行っている。

相談者からは、「具体的な方法を教えてもらえるので、すぐに効果が出る」との声が多く寄せられている。

著書に、『12歳までに「勉強ぐせ」をつける お母さんの習慣』（小社刊）がある。

本文・カバーデザイン／藤塚尚子（ISSHIKI）
本文・カバーイラスト／坂木浩子

編集協力／土居悦子

# 12歳《さい》までに「自信《じしん》ぐせ」をつける
# お母《かあ》さんの習慣《しゅうかん》

2017年12月30日　初版発行

著者　楠本佳子
発行者　小林圭太
発行所　株式会社CCCメディアハウス
〒153-8541　東京都目黒区目黒1丁目24番12号
電話　03-5436-5721（販売）
03-5436-5735（編集）
http://books.cccmh.co.jp
印刷・製本　豊国印刷株式会社


ISBN978-4-484-17238-5

# CCCメディアハウスの本



## なぜ女は男のように自信をもてないのか

キャティー・ケイ／クレア・シップマン　田坂苑子［訳］

あのシェリル・サンドバーグやヒラリー・クリントンも自信がない!?　心理学、脳科学、遺伝子検査などから能力があっても強気になれない女性の姿が明らかに。アメリカで「自信」論争を巻き起こした話題作。

●一八〇〇円　ISBN978-4-484-15114-4

## アイデアのつくり方

ジェームズ・W・ヤング　今井茂雄［訳］　竹内 均［解説］

〝アイデアは既成のものの組み合わせから生まれる〟。アメリカの超ロングセラーは、日本でも読み継がれ、古典ともいうべき存在に。60分で読めるけれど一生あなたを離さない本。

●八〇〇円　ISBN978-4-484-88104-1

## 考具

加藤昌治

考えるための道具、持っていますか？　簡単にアイデアが集まる！　拡がる！　企画としてカタチになる！　そんなツールの使い方、教えます。学生からエグゼクティブまで、アイデアが欲しいすべての人向け。

●一五〇〇円　ISBN978-4-484-03205-4

## ハーバードの自分を知る技術

悩めるエリートたちの人生戦略ロードマップ

ロバート・スティーヴン・カプラン　福井久美子［訳］

学生や社会人が今日も悩み相談に訪れる。「自分は何がしたいのか、本当にわかっていますか？」ハーバード・ビジネススクールの〝キャリア相談室長〟が教える〝ハーバード流〟人生戦略の立て方。

●一五〇〇円　ISBN978-4-484-14111-4

## ハーバードの〝正しい疑問〟を持つ技術

成果を上げるリーダーの習慣

ロバート・スティーヴン・カプラン　福井久美子［訳］

うまくいくリーダーとうまくいかないリーダーの分かれ道とは？　リーダーが突き当たる7つの問題に、どう向き合うべきか。カプラン教授による問いかけによって、自ら考え、答えを導き出す訓練をする。

●一六〇〇円　ISBN978-4-484-15117-5